中国农业科学院
农业经济与发展研究所
研究论丛
第 5 辑

● 本书为中央级公益性科研院所基本科研业务费
专项资金资助项目

IAED

Research on the Institution of Rural Land
Expropriation Compensation in China from the
Perspective of Farmers' Satisfaction

农民满意度视角下
农村土地征收补偿制度研究

曲 颂 ◎著

中国财经出版传媒集团

经济科学出版社
Economic Science Press

改革开放以来，伴随着我国工业化和城镇化进程的加速推进，基础设施建设和工业用地不断增加，城市用地供需矛盾日益突出，导致大量的农村土地被征收转为城市建设用地。农村土地征收的实质是土地作为生产要素的优化配置和高效率利用的结果，在很大程度上能产生外部利益，增加社会财富，并由此增加原有土地产权主体的福利。然而，由于我国特有的城乡二元土地产权结构，作为原土地产权主体的农民并没有公平合法的机会和途径分享这些增加的社会财富，反而其合法的土地权益受到影响。因此，土地征收在为社会经济提供发展空间的同时必须解决的问题是：如何给予被征地农民合理的安置补偿，即如何在实现工业化和城市化的同时不以牺牲农民利益为代价。研究农民对土地征收补偿的认知状况，以及如何确定与落实基于农民意愿的土地征收补偿标准和安置方式，对于解答相关问题具有重要的参考价值。

本书在梳理归纳我国现行征地补偿制度的演进、现状和问题的基础上，运用理论分析、计量分析以及案例分析等方法，利用东、中、西部不同经济发展水平省份的农户调查数据，实证分析征地补偿标准和补偿方式对被征地农民满意度的影响，揭示我国征地补偿的内在规律及制度效果。主要内容包括以下四个方面：

第一，对已有研究成果和经典理论进行梳理评述。首先，从土地征收内涵、动因、制度安排及补偿机制四个方面，对国内外相关研究文献进行梳理和评述，旨在全面、系统地梳理与土地征收紧密关联的若干研究领域的研究动态。其次，对土地、土地征收、土地征用、安置补偿等概念进行界定与辨析，对土地产权理论、价格形成理论、利益博弈论、公平与效率理论等经典经济理论进行论述，为后面实证分析提供理论基础及指导。

第二，历史演进与现状分析。梳理中华人民共和国成立后土地征收补偿制度的演进历程，归纳各个发展时期的政策背景与主要特点；总结各地实践探索中的典型经验，并评述现行征地补偿的政策规定和产生效果。

第三，模型实证分析。其一，以实地调研数据为依据，描述性统计分析样本地区土地征收补偿的基本特征；其二，建立多元有序概率模型（ordered probit model），分别研究征地补偿水平和补偿方式两个关键变量对被征地农民满意度的影响，揭示农民对现行补偿制度的满意度状况。

第四，结论概括与对策建议。根据理论分析和实证分析结果对全书研究结论进行简要总结，并提出完善中国土地征收补偿制度的政策建议。

本书研究结果表明：第一，土地征收具有发生特征和区域特点。调查数据显示，农村土地征收现象已越来越普遍，1/4 的样本农户曾经历过土地征收，即每四个农户中至少有一户的农地曾经被征收过。并且东部地区的土地征收发生率明显高于中西部，且距离城镇较近地区更容易发生土地征收。

第二，农民受偿满意度不仅受到补偿标准绝对水平的影响，更取决于相对水平的差距。计量结果显示，虽然我国征地补偿标准的绝对水平不断提高，但如果所征土地的市场出让价格更高，随着二者之间差距的拉大，农民也会对补偿感到不满意。这就意味着，补偿标准对满意度的影响不是孤立的，其受经济因素和时间因素引起的相对价格的影响，只有在控制住经济因素和时间因素影响的条件下，随着补偿标准的提高，农民对征地补偿的满意度越有可能提高。

第三，补偿方式对农民受偿满意度产生显著的传导性影响，其中社会保障式补偿更为农民偏好。农民实际获得的补偿额还受到补偿方式传导作用的影响，不同补偿方式下农民实际获得的补偿金额存在差异。通过计量分析发现，在控制住经济因素和时间因素影响的条件下，采用社会保障方式进行补偿时，补偿数额越高，农民满意度越有可能提高，其他方式对农民满意度的影响不明显，这表明，农民更偏好选择社会保障式补偿。

目 录

Content

第 1 章

导　论

1.1　研究背景

城市化是一国经济社会发展到一定阶段的必然态势；是伴随着工业化发展，非农产业在城镇集聚、农村人口向城镇集中的自然历史过程；是世界各国普遍存在的一种社会经济现象；是代表国家现代化水平的重要标志。自改革开放以来，我国的城镇化伴随着工业化进程加速，经历了一个起点低、速度快的发展过程。根据国家统计局公布数据显示，1978～2016年，我国城镇常住人口从 1.7 亿人增加到 7.9 亿人，城市数量从 193 个增加到 657 个，建制镇数量从 2173 个增加到 20883 个，城镇化率从 17.9% 提升到 57.4%，年均增长 1.01 个百分点。按照一般的规律，一个国家的城市化水平达到 30% 以上，则标志着该进入城市化的加速时期，即使与发达国家相比，我国的城市化速度也是相当快的。

随着我国工业化和城镇化进程的加速推进，基础设施建设和工业用地规模不断扩张，城市用地供需矛盾日益突出，导致大量的农村土地转为城市建设用地。据中国国土资源公报统计，2002～2016 年，全国建设用地年均增加 45.55 万公顷，特别是 2010～2013 年，全国建设用地年均增加 56.14 万公顷。相应地，2000～2008 年，因非农建设占用耕地 167.53 万公顷，年均减少 18.61 万公顷；2010～2013 年，非农建设占用耕地增加到 23.60 万公顷/年。由此可见，我国城市建设用地的规模不断扩大，农村土地转为建设用地的压力也随之加大，土地征收现象越来越普遍。

农村土地用途变化的实质是土地作为生产要素的优化配置和高效率利用的结果，在很大程度上能产生外部利益，增加社会财富，并由此增加原有土地产权主体的福利。然而，由于我国特有的城乡二元土地产权结构，作为原土地产权主体的农民并没有公平合法的机会和途径分享这些增加的社会财富，反而其合法的土地权益受到影响。土地是农民最重要的资产与收入来源，因此土地征收在为社会经济提供发展空间的同时必须解决的问题是：如何给予被征地农民公平合理的安置补偿，即如何在实现工业化和城市化持续快速发展的同时不以牺牲农民利益为代价。从现实角度看，我国被征地农民的生活状况不容乐观，普遍存在着总体收入水平下降、社会保障无份、就业医疗困难等难题。2005 年全国被征地农民的数量已超出5000 多万人，据统计推算以后每年将以 200 万人的速度递增，预计 2030年被征地农民规模将达到 1.1 亿人（温铁军，2013）。这样一个庞大的弱势群体，如果不解决他们的后顾之忧，对于国家的经济发展、社会稳定都是一个潜在的重大隐患。

中华人民共和国成立以来，我国的土地制度改革一直处于探索阶段，始终尝试着寻求一种与经济发展各个阶段相适应的土地制度。而伴随城镇化扩张应运而生的土地征收补偿制度，虽然进行多次调整，也对经济社会的发展起到积极的促进作用，但因征地和补偿所引发的纠纷仍然是政府所面临的棘手问题。现行的土地征收补偿政策，大多是从自然和整体社会经济的角度出发来研究制定，其缺陷在于是政府的单方面定价，农民无权直接参与，忽视了农民作为土地征收过程中重要的参与者的出让意愿，忽略了土地作为农民重要财产的本质属性，最终导致安置补偿问题突出、征地纠纷不断增加。

以人为本、土地集约利用、可持续发展的新型城镇化道路是我国未来经济社会持续发展的主要动力源，也是破解城乡二元结构的关键所在。2012 年，中央经济工作会议提出新型城镇化发展方略，并将其作为中国经济持续发展的重要动力源。2013 年，党的十八届三中全会明确提出要完善城镇化健康发展的体制机制，并将出台实施新型城镇化发展规划。党的十九大报告中进一步指出，以城市群为主体构建大中小城市和小城镇协调发展的城镇格局，加快农业转移人口市民化。未来新型城镇化的发展意味着必须破解城乡二元结构问题，其切入点很多，但目前最为重要和最为迫切的是解决农村集体土地在城镇化过程中的相关制度安排及农民权益保护问题，唯此才能从制度层面化解以往土地征收过程中不断出现、激化的矛盾纠纷和农民权益流失等问题，从而保证农村经济的健康发展与社会的长治久安。在此背景下，本书从农民角度出发，研究我国征地补偿政策、被征地农民实际受偿情况，以及农民对征地补偿的评价等问题，对这些问题的回答有助于更好地保护城市化进程中农民的基本权益，缓解基层矛盾并减少征地纠纷，从而为未来的新型城镇化道路奠定良好的民生基础。

1.2 研究目的及意义

1.2.1 研究目的

本书旨在梳理我国征地补偿制度的演变历史和发展现状的基础上，通过实地调研探究不同经济发展地区被征地农民获得补偿的情况，并利用计量模型探求影响农民对土地征收补偿满意程度的关键因素，从而充实征地补偿理论基础，丰富征地补偿研究内容，为完善我国征地补偿制度及提升政府征地补偿工作效果提供科学依据。具体目标如下：

（1）实地调研东、中、西部不同经济发展省份的土地征收补偿情况，把握我国土地征收补偿的基本特征和内在规律。

（2）通过计量分析，重点探究土地征收补偿水平和补偿方式对农民满意度的直接及传导作用，并且揭示不同补偿方式下农民实际获得的补偿水平。

（3）根据研究结果，提出完善土地征收补偿制度的政策建议。

1.2.2 研究意义

近年来，中国土地征收规模日益扩大，并呈现出加速扩张的态势。农村土地征收带来的严重问题是产生了大批失去土地的被征地农民，如何确保被征地农民的土地权益得到合理补偿，以及如何保障被征地农民今后的长远生计，是影响城镇化进程的焦点，也是关系到社会稳定和发展的重大问题。在我国，土地对于农民既是重要的生产资料，同时也是就业保障和社会福利保障。农民失去土地意味着失去工作和最基本的生存保障，其严重性不言而喻。因此，合理补偿和妥善安置被征地农民，保护好被征地农民的土地权益，对农村社会的稳健发展至关重要。

在我国当前的制度环境下，土地征收无法实现遵循市场原则进行补偿，征地补偿标准过低、被征地农民安置不到位等问题突出，造成农民征地后生活水平普遍下降，就业无着落，收入无保障，社会矛盾频发，严重影响了农村社会的稳定发展。因此，通过实证研究被征地农民的补偿水平和安置补偿方式很有必要，对于今后科学制定征地补偿标准，完善对被征地农民的安置方式，以及缓解因征地补偿引起的社会矛盾，具有重要的理论和现实意义。

1.3　研究综述

世界各国发展经验表明，工业化、城市化进程不可避免地要伴随着农业用地向建设用地的转化，且所转化的农地多为耕地，因此，农用地转为建设用地不管是在资本主义国家还是社会主义国家都是一种常见的现象。土地用途的转化不仅是土地资源的再次配置，还关系到政府、农民等相关利益方的切身利益，更关系到整个社会的工业化、城镇化进程问题。

1.3.1　土地征收的内涵

土地征收是国家通过强制性的行政手段，实现农村集体土地所有权的转移和土地资源在城市和农村重新配置的过程。土地征收改变了农用地的原有用途，将其转变为住宅、交通、商业等用途的城镇建设用地。土地征收是城市化、人口增长、经济发展、基础设施建设等的拉动力与地方政府、农民等的推动力共同作用的结果，是一种单向的、不可逆的过程，土地一旦征收用于非农用途，其土壤结构、养分构成等都会遭到不同程度的破坏，在短期内无法恢复。伊利等（1982）从资源经济学的角度分析认为，土地征收行为的本质是对土地资源利用效率的重新配置，由土地资源供给的稀缺性、位置的固定性、比较效益差异，以及边际报酬递减等资源和经济特征所决定。城市中的土地在利用面积达到一定规模后，再继续开发有限的城市用地时，其边际报酬会出现递减，无法实现利润最大化，因此转向城市外围的利用效率较低的土地便有利可图，这就诱发了农地征收现象。森·博嗣（Hiroshi Mori，1998）在此理论基础上进一步指出，农用地与建设用地这两种土地资源竞争配置的结果就是农村土地被征收转化为建设用地。王海全（2005）提出，城市化的快速发展使对建设用地的需求急剧增加，而这一般是通过土地"农转非"，即征收农村土地、改变原有使用用途和性质来进行的。秦海荣（1995）对农村集体非农建设用地流转的概念和内涵问题给出了自己的理解，她认为农村集体非农建设用地包括：（1）农村居民住宅建设用地；（2）乡村公共设施、公益事业建设用地；（3）乡村企业以及各类专业户、个体工商户、联合体等生产经营性建设用地；（4）小城镇部分土地发展兴建的专业市场和开辟的新区等用地。卢新海（2004）提出，随着经济社会的发展，农用地转为建设用地的过程是不可避免的，征收农村土地已成为城市化进程中土地供给的主要方式，其与推进城镇化的过程密切相关。

在我国土地用途严格管制的前提下，农用地转变为非农用地需通过特定的形式和途径。2004 年之前国家没有严格区分农地征收、征用与占用的不同含义，土地征收与土地征用的概念混用。土地征用是指国家为了社会公共利益的需要，依法将集体所有的土地有偿转化为国有土地的过程，土地所有权随之发生变更。土地占用则是指农村集体经济组织内部将农业生产用地转变为非农业生产用地的过程，在土地所有权不变的条件下，土地利用方式发生改变。就实质看，土地的征用和占用过程都是农业用地向非农业用地转化的过程（唐洪潜等，1993）。曲福田等（2001）将我国农地非农化的途径归纳为三条：一是国家直接以划拨或出让方式将国有农地

（国有农场、林场等）转化为非农建设用地；二是国家首先征用农村集体所有的农地，然后再以划拨或出让的形式把农地转化为非农建设用地；三是在不改变集体土地所有权的情况下，将农地转化为非农建设用地。相比之下，第一种和第三种途径的转化不涉及土地所有权的转移，且数量较少；第二种途径转化则涉及土地所有权的转移，且数量很大。随着国有土地划拨范围的日益缩小，第二种途径中市场机制的作用日趋重要，政府、集体以及农民之间的经济利益关系表现得尤为突出。2004 年修订版《中华人民共和国土地管理法》对土地征收和土地征用的词义进行了明确区分，将相应条款中的"土地征用"改为"土地征收"。

土地征收是调节土地资源配置的重要手段，只有符合公共利益的用地需求才能行使征地的权利。关于"公共利益"范围的界定，各国有不同的标准。我国现有的土地法规并未对公共利益的征收范畴做出明确规定，导致土地征收范围过大，征收权滥用（汪晖，2002；李增刚，2015）。尽管土地征收的"公共利益"范围难以界定，但对于明显的商业化、营利性的项目用地应坚决遏制（张建飞，2006；颜妮，2015）。国外对公共利益的界定范围也没有一致的标准，如美国的界定标准经历了长期的动态调整，公共利益用地的范畴已扩展到包括与公共用途有关的配套项目建设，如加油站、停车场等建设用地（李珍贵，2001）；法国以公私财产来划分公共利益，即能产生公共财产增值效果的视为公共利益需要，否则不属于公共利益（刘民培和卢建峰，2010）；加拿大将征地范围严格界定为公共服务项目，如水利、交通、环境、医疗、教育和市政建设等项目（卢丽华，2000）；而日本对公共利益有明确规定，详细列举了 35 种公共用途的项目，并严格限定只有此范围内的项目用地才能实行土地征收（Schwarzwalder，1999）。

1.3.2　土地征收的动因

伊利（1982）认为，征收农业用地转为建设用地的动力之一是"土地的高价利用有排挤土地低价利用的趋势"，反映在土地的价值上，即同等面积的市中心土地比单纯的农地价值高。杰根史迈尔（Juergensmeyer，

1982）提出土地价值增值是诱发土地征收行为的重要动因。相比于城市中的土地，农用地往往价格低、面积大且地块集中，有很大的开发潜力，征收后转为建设用地能够产生巨额的增值收益，为社会带来巨大财富。格林（Greene，1995）随后指出城市化进程的加快也极大地推动了土地征收。由于城市人口过度膨胀造成了对住宅需求的急剧增加，城市规模不断扩张，位于城市周边的农用地逐渐被征收转为城市建设用地。张安录（1999）提出，农用地转为建设用地是内在机制（包括城市"离心力"机制、土地资本"向心力"机制、环境竞争机制以及区位替代机制）和人为机制（利益驱动机制、价格激化机制、制度诱导机制和投机分割机制）共同作用的结果。蔡运龙（2000）从资源经济学的角度分析认为，诱发土地征收行为的深层次原因在于农用地比较效益低下，在市场经济体制下，效益低下的土地资源类型（农用地）就有向效益较高的土地资源类型（建设用地）转化的强烈动机。张宏斌、贾生华（2001）也同样指出，农用地的用途转化是市场经济作用下的必然结果，另外经济发展、人口增长、基础设施建设也是主要的驱动因素。刘守英（2005）认为，政府在土地征收过程中凭借垄断城市建设用地市场的权利获得了巨额的土地增值收益，因而具有极大的利益驱动。钱忠好（2014）也肯定了政府的经济动机，认为基于土地征收成本和收益的考虑，地方政府会最大限度地推动土地征收，获取增值收益。

在理论研究的基础上，国外学者尝试通过实证模型对土地征收经济机制与过程进行实证模拟，得出土地征收的主要驱动因素。缪斯（Muth，1961）是最早建立农用地流转模型的经济学家，他首次理论模拟了农地流转为城市用地的过程，通过构建"农业—住宅业"两部门进行用地竞争的模型，得出农产品的价格需求弹性是决定农地转为城市建设用地的关键因素。库明诺夫（Kuminoff，2001）基于缪斯的假设模型，利用GIS数据构建了一个线性计量模型来模拟区位因素、政府作用、人口增长、农业收入等因素对农用地流转的影响。结果表明，区位因素和城市人口增长是农用地用途转变的主要推动力，土地产权归属以及地方政府自治权利扩大对农用地流转也有重要影响，而农业收入低、政府的规划管制所产生的影响不显著。伊恩哈迪等（Ian Hardie et al.，2000）通过深入研究"农村—城市"的地租决定机制，得出土地用途转变规模与当地的人口数量、收入水平、不动产价值显著相关。克莱恩和艾里格（Kline and Alig，2001）构建离散选择模型（多元有序概率模型）研究人口增长、收入水平变化、农用地价格、农用地所有权结构、土地利用法、农用地保护区、城市增长界限等因素对土地征收的影响，研究发现设置城市增长界限对于土地征收有明显的限制作用；建立农用地保护区可以在一定程度上阻止土地征收；土地利用法和农用地保护区的交互效应对土地征收有抑制作用，但统计上不显著；土地利用法和城市增长界限的交互效应对于土地征收有显著的抑制作用；农用地的价格对土地征收影响很小。

中国20世纪80年代初的经济改革导致了大规模的农用地转为建设用地，激发了第一次土地征收的热潮，国内学者也纷纷通过建立模型，定量分析我国土地征收的诱因。李秀彬等（1997）通过GIS技术研究了中国1978～1995年耕地由农用转为非农利用之间的面积分配与变化，并用经济计量模型检验了基于分省水平数据的耕地征收的驱动力，结果发现工业化与土地退化在耕地数量减少中扮演了同样的作用。林初昇等（George C. S. Lin et al.，2003）构建土地利用变化模型对中国1949年和1996年的土地数据进行比较分析，发现工业化和城市化的快速发展加剧了农用地面积的大量减少。陈江龙（2003）按"供给"与"需求"二分法将农地征收经济机制的驱动力因素分为两大类，并利用1995～1996年、1999～2001年的土地数据构建线性回归模型和双对数回归模型进行估计，结果表明人口、固定资产投资、资源禀赋、收益分配和土地利用比较利益对农地征收都有显著影响。谈明洪等（2003）对我国城市建设用地情况与人口、GDP增长进行偏相关分析，发现城市建设用地规模随人口和GDP的增长而不断扩大，且GDP增长为最重要的驱动因素。周青和黄贤金（2004）以江苏省锡山区为例，利用区域土地变化驱动机制模型，考察土地征收的驱动因素，结果表明，人口增长、经济发展和城市化水平提高是影响最大的三个因素。宋戈和吴次芳（2006）利用格兰杰（Granger）因果关系检验法分析黑龙江省农用地用途转变的内在原因，结果表明，与经济增长的拉动作用相比，城市化进程对土地用途转变的影响更为显著。曲福田等（2004）考察了马鞍山市区建设用地规模扩张的主要驱动因素，计量模型的回归结果显示，城市化水平和经济发展水平对建设用地规模扩张有显著的拉动作用，而产业结构调整则会优化用地结构，一定程度上抑制城市过度扩张。曲福田、陈江龙（2001）比较研究了海峡两岸经济成长过程中农地征收的趋势和原因，认为两岸农地征收都有加速的趋势，但究其原因，中国台湾是放松对农地管制的结果，大陆则是在严格的耕地保护政策下，由经济发展的强大需求引致的。

1.3.3 土地征收制度安排

我国现行的土地制度安排对土地征收的规模、效率和公平性具有重要影响。土地征收的实质是土地资源重新配置的过程，理论上在市场经济条件下，依靠市场机制进行配置比政府机制更有效率，但土地又是一种特殊的资源，其再次配置的最终效果还取决于土地制度安排，特别是土地产权制度的清晰性（王定祥，2006；王淑华，2011）。纯市场机制和纯政府机制都无法使土地资源重新配置达到最优秩序和社会福利优化状态，而分析证明市场机制比政府机制更有效率。李一平（2004）认为，由于现行农村土地所有权主体不清晰，产权权能不完整，导致土地征收过程中各利益相关方的权利和责任无法判定，征地秩序混乱，农民权益受损。靳相木和姚先国（2010）对土地征收"转—征—供"三位一体的政府垄断管理模式进行了制度分析，揭示了垄断式的征地管理方式在计划经济时期具有必要性，但在市场经济条件下，势必要对这一制度进行改革，建议实行"配额管理、市场调剂"的方案。李忠键（2006）指出，我国特有的城乡有别的二元经济社会结构造成了城乡土地市场的二元结构，这种制度安排必然导致农民在土地征收过程中处于弱势地位，无法获得公平的土地收益。郑浩澜（2013）以上海浦东新区为例分析了我国土地征收的制度环境，认为农村土地制度的产权缺陷是造成农地征用出现利益分配问题和劳动力安置问题的主要原因，而这一缺陷由来已久，有着深刻的历史背景。朱道林等（2014）认为，公共利益的范围界定模糊不清是土地制度存在的一个重要问题，目前公共用途的概念事实上已扩大到包含很多营利性项目，远远超出狭义的公共利益的概念，征地权滥用现象十分普遍。

在土地征收过程中，地方政府既是国土资源的管理者，又是土地征收权的执行者，这二者身份的重叠使地方政府有了政治利益最大化和经济利益最大化的双重目标，在双重利益的巨大驱动下，政府的行为取向难免会出现偏差，导致滥用征地权利，过度扩张征地规模，损害农民土地权益（孔祥利等，2004；徐晓波，2017）。曲福田等（2007）也提出我国当前的土地管理制度，如土地产权制度、土地监管制度等缺乏对土地征收行为的有效约束，导致了过度的土地征收行为。汪晖和陶然（2009）介绍了浙江省土地计划管理政策改革的有益探索，指出浙江的土地利用改革实践实现了土地发展权的转移和交易，对耕地保护和土地利用结构优化都有重大意义。陈利根和陈会广（2003）利用法经济学的原理进行分析，认为政府实施强制性征地可以节省市场交易成本，但也会削弱公共利益的约束力，因此建议下一步土地征收制度的改革重点为规范政府公权力和保护农民私权利。刘芳（2014）以"外部利润—同意一致性—制度创新"为理论框架，运用新制度经济学制度创新理论，研究了富农合作社制度创新的宏观背景、外部利润、制度机制设计及利益当事人的行为等，探讨了其制度创新的理论价值，并得出改革和完善农地征收制度的有益启示。王成艳等（2014）提出，在我国统筹城乡发展的新阶段，土地征收制度改革必须打破现有的双轨制制度框架，将农民土地财产权纳入物权保护，构建以现代产权制度为基石、政府有效调控市场机制为主导的新型制度，最终实现土地市场建设的"两种产权、一个市场"的一体化目标。

1.3.4 土地征收补偿机制

土地征收过程中涉及的关键问题就是如何对原土地权利人进行补偿。国际上关于土地征收补偿的理论可以归纳为三种：适当补偿（appropriate compensation）、完全补偿（complete compensation）和公正补偿（just compensation）。世界其他各国大多采用公正补偿，日本采用适当补偿（Schwarzwalder，1999）。即使在一些经济比较贫困的国家，例如，纳米比亚（Treeger，2004）和津巴布韦（Moyo，2005），也都是采用公正补偿，而我国则采用不完全补偿。特弗戈尔和科尔韦尔（Trefzger and Colwell，1996）认为各级政府有权利为维护公共利益征收私人财产，但前提是必须支付公正合理的补偿。贾马里诺（Giammarino，2005）提出国家采取征收方式将农用地转为建设用地，其社会效率会大大增加，但这部分效率的增加是以牺牲小部分人的利益为代价的，因此应该有人为这种行为付费。多数情况下，应由土地征收受益者进行支付，但如果土地征收补偿标准过高，政府须弥补超出土地征收受益者支付能力范围内的剩余款项。国内学者罗丹（2004）同样提出，随着我国城镇化进程的推进，大量的农村集体土地征收转化为非农业用地，失地农民数量也在急速增加，并对社会稳定与发展构成了很大的压力。同时，农地在征收后形成了巨额地租，如何根据稳定与发展的需要构建协调各级政府、集体、失地农民、企业等相关主体的利益分配机制，已经成为非常重要的问题。研究指出，要协调好相关主体的利益，应当遵循社会稳定标准和社会公正标准，根据"统筹城乡发展"和"统筹经济和社会发展"的要求，完善农村土地征收过程中的利益分配和补偿机制。

（1）关于土地收益分配问题的研究。农村集体土地征收补偿机制中，合理确定土地收益的分配对象和分配比例是实现征地制度改革的关键（马保庆等，1998）。诸培新和曲福田（2006）通过实证分析各利益主体在土地征收出让过程中的利益分配情况，发现中央和省级政府参与环节少，收益较低；市级政府是最大受益者，巨额的利益容易刺激地方政府以地敛财、低价出让土地；作为重要参与者的农民实际获得的补偿偏低，无法维持长久生计。这种土地收益的分配格局严重影响了土地资源配置的公平性，也加大了土地征收进一步实施的难度。因土地征收而失去土地的农民，随着市场经济体制改革的逐步深化，将可能在生存、就业和保障等方面遇到困难（陈孟平，2012）。因此，应当允许被征地农民从土地出让的增值收益中获取一定利益，改善他们的受偿状况。

土地征收获取的高额增值收益在土地使用者、中央政府、地方政府、农村集体和农户五大主体之间的合理分配，是土地征收顺利推进的重要基础。现实情况下，农村集体及农民个人所分配的收益比例最小，而土地使用者及地方政府所得收益比例最大（梁爽，2009）。我国的农村土地进入城市市场必须经由政府强制征收后，以"招、拍、挂"的出让方式配置给用地单位。在整个过程中，农民无权决定自己土地的处置方式，更无权分享土地的增值收益。在土地征收整个过程中，农民自然就成为利益受损最大的主体（宋怡欣和张炳达，2014）。周其仁（2004）从经济学角度分析我国土地征收出让的增值收益分配格局，指出"涨价归公"理论在经济学上的错误，理由是原土地权利人（农民）放弃了土地的权利，对土地增值做出了重要贡献，倘若不放弃权利，增值无从谈起，放弃一项权利，理应获得合理的补偿，分到一部分的增值收益。王小映（2013）主张政府应从土地增值收益中提取一定比例的资金用于补偿被征地农民，并建议通过完善我国的税费体系，实现增值收益归公。严金明（2009）提出我国征地制度改革的路径选择应由"征收—出让"方式变为"征购—征税"方式，即采用"土地市场价格＋土地增值税"的调节方式。这种方式的意思是采用市场机制，将征地价格与市场价格挂钩，按市场价格对被征地农民进行合理补偿，同时可以利用征收土地非农化增值税的方法，将社会公共投资的增值部分收归国家。

（2）关于征地补偿标准问题的研究。2004年修订的《中华人民共和国土地管理法》中规定，农民征地补偿按照土地原有用途的"年产值倍数"计算，主流学者提出这一补偿标准具有不合理性。刘燕萍（2006）认为，现行征地补偿依据该块耕地被征前三年平均亩产值而定，而被征后的土地价值则取决于土地的区位、市场价格等多种因素，所以按土地原用途计算的补偿标准没有体现被征土地的实际价值；同时，也没有考虑到不同地区的经济发展水平会导致地价的巨大差异。周飞（2005）同样提出我国现行的征地补偿政策依据不完全补偿原则，补偿范围小、标准低，并且对经营性和公益性建设项目都采用一样的标准，完全与土地市场相脱钩。对此，刘卫东和彭俊（2006）主张，征地补偿标准应根据农民土地财产权益的实际受损情况来制定，补偿费用应该包括最低生活保障待遇（最低生活费、养老保险、医疗保险、失业保险等）、土地的机会成本、失地农民再就业培训的费用，以及为失地农民提供就业机会的基本投资差额。黄贤金等（2011）提出，我国的征地补偿标准应以土地的市场价格为基础，并参照其预期收益来确定。对于公共利益用地，补偿标准应参照基准地价或接近市场价格，一般可比市价低 10%~20%；对于经营性用地，应以完全补偿为原则，基于相邻地区的土地市价进行补偿。诸培新和曲福田（2013）利用资源经济学的分析框架，提出制定征地补偿价格时应综合考虑土地的直接使用价值、间接使用价值和存在价值等内容，同时补偿应该以完全补偿为原则。吴次芳和鲍海君（2003）以及窦祥铭（2014）提出，我国征地补偿价格应引入土地市场机制进行调节，在原有补偿内容的基础上适当增加补偿项目，并且随着土地征收机制的日趋成熟，补偿原则应逐渐由"不完全补偿"变为"相当补偿原则"。

　　（3）关于被征地农民安置补偿的研究。大量被征地农民在失去土地的同时也丧失了重要的生活保障，如何妥善安置这一大批"弱势群体"成为社会关注和理论界探讨的焦点。目前被征地农民的安置方式有以下五种：货币安置、招工安置、留地安置、土地入股分红安置和社会保障安置。但目前多数地区采用的都是货币安置，其他方式很少采用。康钧和张时飞（2005）提出，应将目前"纯粹的经济补偿"改为"多种补偿方式相结合的可持续补偿"，安置补偿工作的重点应放在恢复被征地农民农业生产能力、促进其转移就业以及提高生活水平等方面。韩纪江和孔祥智（2005）按照被征地农民之前是否从事农业生产的标准，将其分为纯农民、兼业农民和非农民三种类型。认为纯农民完全依靠农业收入，对土地依赖性高，征地后生存能力差，是重点解决的对象；兼业农民被征地后还有其他的收入来源，生存能力较强，是进一步扶持的对象；征地对非农民影响最小，他们享受城镇的保障，是城镇化的受益者。由此建议在实行安置补偿时，不能"一刀切"，要结合农户特点有针对性地实行补偿政策，对于纯农民提供生产资料，而对于兼业农民和非农民，给予保底资金或社会保障。徐元明（2014）提出，从我国国情分析，为被征地农民建立完善的社会保障体系是最有效的安置补偿方式，而保障的目标不应仅停留在最低生活保障水平上，还要保障其实现小康生活。为此，今后设计的社会保障体系应涵盖基本生活保障、养老保障、留地保障以及就业培训等多种制度。

对于社会保障体系具体的内容设计，杨盛海和曹金波（2005）建议政府应建立专门的被征地农民社会保障体系，根据被征地农民的年龄和就业技能等特点，设立针对不同年龄段的、不同就业能力的医疗、就业、养老等保障制度。被征地农民可凭借身份证与征地证明办理相应的保障。潘锋和毛锦凰（2006）提出要打破原有统一的被征地农民保障制度，构建针对不同群体的保障制度，以征地区域为依据，结合当地的实际情况对被征地农民实行安置补偿。对于城郊村的被征地农民，征地后可将其身份转为城镇居民，纳入城镇居民社会保障体系；对于征地后可再次分配土地的农民，直接安排被征地农民继续从事农业生产；对于征地后无法调配土地的农民，应由政府将其纳入农村最低生活保障和部分养老保障。关于社会保障基金的筹集问题，唐钧和张时飞（2015）提出四条途径：一是在有偿出让土地时提取一定量的资金；二是从土地出让金净收益中提取一定比例的资金；三是从政府的财政预算中划出专项基金；四是通过社会渠道筹集资金，如社会捐款、城镇社保基金的投资收益等。而针对社会保障基金的运行与管理，陈信勇和蓝邓俊（2014）建议为被征地农民设立专门的存储和管理社保基金的机构，实行单独建立账户、专款专用，并通过银行和非银行金融机构公平竞争来获取其经营管理权，从而确保基金的保值与增值。

1.4　研究内容与技术路线

1.4.1　研究内容

本书共分 8 章。

第 1 章，导论。阐述相关背景、问题提出与研究意义，明确研究目标与研究内容，介绍全书的结构安排。从土地征收内涵、动因、制度安排及补偿机制四个方面，对国内外相关研究文献进行梳理和评述，旨在全面系统地梳理与土地征收紧密关联的若干研究领域的研究动态。最后，提出技术路线以及可能存在的创新点。

第2章，农村土地征收补偿制度的理论基础。首先对土地、土地征收、土地征用、安置补偿等基本概念进行界定与辨析，对土地产权理论、价格形成理论、利益博弈论、公平与效率理论等经典经济理论进行评述，为后文实证分析提供理论基础及指导。

第3章，我国土地征收补偿制度的历史沿革与现状评析。梳理中华人民共和国成立后土地征收补偿制度的演进历程，归纳各个发展时期的政策背景与主要特点；总结各地实践中探索出的五种安置补偿方式，并对现行征地补偿的政策规定和产生效果进行评述。

第4章，土地征收补偿满意度的测量结构与描述性分析。该章介绍了征地补偿满意度的理论模型，调查问卷的设计、发放、收集与评估过程，以及通过数据的描述性统计分析得出的主要发现。

第5章，土地征收补偿水平的实证研究。该章从时间维度和地区维度描述样本区征地补偿水平的差异性特征，并运用多元有序概率模型深入研究征地补偿标准对被征地农民受偿满意度的影响。

第6章，土地征收安置补偿方式的实证研究。该章对样本地区采用的安置补偿方式，即一次性现金补偿、分期式现金补偿、社会保障式补偿、现金＋实物式补偿，列举典型案例，并运用多元有序概率模型研究不同补偿方式下农民实际获得的补偿数额对受偿满意度的影响，从而间接得出农民对补偿方式的选择偏好。

第7章，国外土地征收补偿制度的经验与启示。分析国外土地征收补偿的制度安排，汲取有益经验予以借鉴，对于完善我国土地征收制度具有重要意义。该章介绍了英国、美国、德国三个欧美国家和日本、韩国、印度三个亚洲国家的征地补偿经验。

第8章，主要结论与政策建议。对全书所有章节的研究结论进行总结归纳，并提出完善相关政策、制度的几点建议。

1.4.2 技术路线

本书的技术路线如图1-1所示。

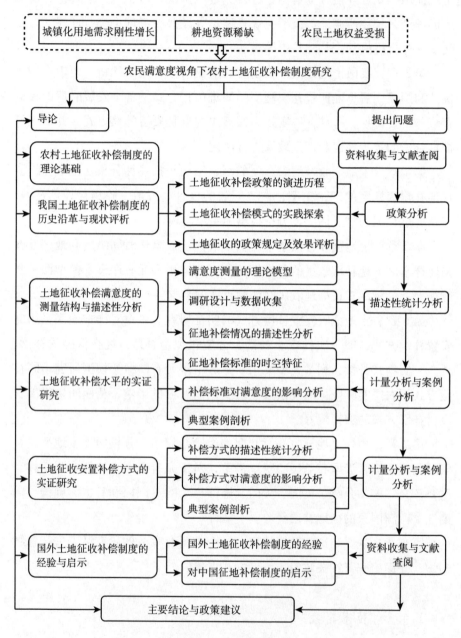

图1-1 技术路线

1.5 可能的创新之处

1. 研究内容的创新

从被征地农民视角重点分析补偿标准和补偿方式对农民满意度的影响，通过设定两个目标变量模型，细分而深入地剖析两个关键变量的作用，相比于一般涉及满意度众多影响因素的研究，针对性更强、结论更贴近现实。

2. 研究方法的创新

以往研究并未将补偿方式与补偿金额联系起来进行分析。本书通过引入补偿方式对补偿金额的传导作用，利用实地调研数据，剔除通货膨胀的影响，计算同一基期不同征地补偿方式下农民实际获得的补偿数额，并通过建立补偿支付与补偿方式的交叉变量，深入分析补偿方式对被征地农民满意度的间接影响。

第 2 章

农村土地征收补偿制度的理论基础

2.1 基本概念

2.1.1 土地类型

我国实行土地用途管制制度，其基础则是对土地利用进行准确分类。土地利用分类是按土地的自然和经济属性及其因素进行的综合性分类，它反映一个时期内土地利用的实际状况。《中华人民共和国土地管理法》（2004 年修订版）基于土地利用分类，将我国土地规定为三大类：农用地、建设用地和未利用地。农用地是指直接用于农业生产的土地，包括耕地、林地、草地、农田水利用地、养殖水面等；建设用地指建造建筑物、构筑物的土地，包括城乡住宅和公共设施用地、工矿用地、交通水利设施用地、旅游用地、军事设施用地等；未利用地指农用地和建设用地以外的土地。用地单位和个人应按照规定用途使用土地，严格限制农用地转为建设用地。

2.1.2 土地征收

土地征收是指政府为了满足公共利益的需要，利用国家权力，依照法定程序，强制取得他人土地所有权并给予合理补偿的行政行为（裴向东和任庆恩，2005）。土地征收是一种土地公共取得制度，普遍存在于世界各国法律中，是为保障公益性项目获取土地所必须采取的手段。在我国，土地征收是指国家凭借特权，依照法定程序强制获取农村集体土地的所有权，土地所有权属发生转移，由集体所有转为国家所有的过程。《中华人民共和国土地管理法》（2004年修订版）第二条中规定，"国家为了公共利益的需要，可以依法对土地实行征收并给予补偿"。《中华人民共和国物权法》中第四十二条规定，"为了公共利益的需要，依照法律规定的权限和程序可以征收集体所有的土地和单位、个人的房屋及其他不动产。征收单位、个人的房屋及其他不动产，应当依法给予拆迁补偿，维护被征收人的合法权益"。

在我国，土地征收主要是国家强制获取农村集体土地的所有权，土地所有权属发生转移，由集体所有转为国家所有。在这一过程中，土地征收主要表现为以下五个特征：（1）征地强制性。土地征收是国家依据法律规定所享有的征地特权，在不需要征得土地所有者同意的情况下，可强制获取土地所有权的行政行为，这种法律关系的产生并非平等自愿，而是命令与服从。强制性是土地征收的根本属性，表现为国家利用专有的权力行使征收土地的权利，这种权利是高于其他一切主体的权利，任何土地权利人必须服从（杨进和张迎春，2005）。（2）主体专属性。国家是行使土地征收权力的唯一主体，只有国家才能拥有此种特权，对位于不同用途、不同区位的土地资源重新配置。（3）目的明确性。土地征收目的在于满足社会公共利益的需要，是否符合"公共利益"是评判土地征收行为合理与否的唯一标准。（4）权属转移性。在我国，被征收的土地所有权由集体所有向国家所有转移，且这种转移是单向的，反之不成立。同时，土地所有权转移也伴随着土地使用权的转移，即由农民从事农业生产所用变为用地单位建设所用。（5）征收的有偿性。虽然土地征收是一种强制性的行政行为，但土地作为一种商品，也具有一定的交换属性，用地单位必须给予被征地者公正合理的补偿，只有在双方签订相关协议并支付适当的补偿时才能交付土地，实现土地征收。

在农村土地征收问题的研究中，征收的农村土地一般为农地。农地的含义有狭义和广义之分，狭义的农地指农用地，即只用于农业用途的土地；广义的农地包括农用地和建设用地（林刚，2008）。本书中被征收的土地指狭义的农地，即仅指农用地，不包括建设用地。

2.1.3 土地征收与征用

在我国，"土地征收"一词几经演变而成，在不同的时期曾采用过不同的名称。1953年国家颁布的《国家建设征用土地办法》第三条："由于国家建设需要征用土地，必须妥善安置被征用土地人的生产和生活"，事实上在此提出的"土地征用"一词的含义实质内容为"土地征收"，此后的法律政策和学术研究中，都将"土地征收"与"土地征用"的概念混用，未进行严格区分，直到2004年修订的《中华人民共和国宪法》《中华人民共和国土地管理法》明确区分了"土地征收"与"土地征用"的用词及适用范围，并将相应条款中涉及征收意义的"征用"都改为"征收"。

土地征用指国家为了公共利益的需要，短期内依法强制使用原属其他单位和个人的土地，使用后再将土地归还给单位和个人，并给予补偿的一种行为，类似于短期使用土地。土地征用期间，土地的所有权不发生转移，只暂时转移使用权。《中华人民共和国物权法》中对于"征用"有明确规定："因抢险、救灾等紧急需要，依照法律规定的权限和程序可以征用单位、个人的不动产或者动产。被征用的不动产或动产使用后，应当返还给被征用人。单位、个人的不动产或动产被征用后毁损、灭失的，应当给予补偿。"关于土地征用，《中华人民共和国土地管理法》（2004年修订版）第五十七条规定，"建设项目施工和地质勘查需要临时使用国有土地或者农民集体所有土地的，由县级以上人民政府土地行政主管部门批准"。

土地征收与土地征用是围绕我国征地活动形成的两大征地制度，两者既有紧密的联系，又有着明显的区别。从联系上看，第一，二者都表现为国家通过强制力对其他主体的土地权利进行限制；第二，二者都要求符合一定的法定程序，并对被征地主体给予合理补偿。从区别上看，第一，土地权属不同。土地征收后，土地的所有权和使用权都发生转移，由农村集体所有转变为国家所有，而土地征用后土地的所有权不发生变更，仅土地的使用权暂时改变。第二，具体目的不同。土地征收是基于公共利益的需要，而土地征用是适用于临时性紧急状况，如抢险、救灾等。第三，补偿的内容和标准不同。土地征收补偿包括土地补偿费、安置补助费、青苗及地上附着物补偿费，而土地征用补偿仅为临时使用费和青苗及地上附着物补偿费。同时，因土地征收变更了土地所有权，农民永久失去了土地使用权，其补偿标准也比土地征用要高很多。第四，法定程序不同。土地征收的法定程序比土地征用要严格、复杂。我国土地征收的审批权集中在中央和省级政府，而土地征用由县级以上土地主管部门批准即可。

2.1.4　征地安置补偿

土地征收补偿是在土地征收基础上产生的，由于土地征收给被征收土地权利人造成了一定的损失，作为实施主体的国家应该给予公正的补偿。具体来讲，征地补偿是国家或政府因征地权利的行使，对于原土地权利人造成经济上、物质上的特别损失，应对受损权利人支付金钱补偿、实物补偿或其他补偿方式的补偿。安置补偿指因征地活动而造成农村多余劳动力，为保障其原有生活水平不受影响，而采取金钱、实物或社会保障的方式对其进行安置。对于征地安置补偿的具体范围和标准，不同的国家做法各异，与各国经济发展水平以及采用的土地政策有关。一般经济发达的国家安置补偿水平也高，有足够的经济能力实行充分完全补偿；而经济较弱的国家往往采用不完全补偿原则或相当补偿原则。

（1）完全补偿原则。指对原土地权利人给予完全补偿，以保证其生活水平完全恢复到被征地前的水平。完全补偿的内容不仅包括征地所带来的直接收入损失，还包括如预期收益损失、残余地价值损失、失业等的间接经济损失，以及对新环境不适应、精神方面的间接非经济损失。国外发达国家在征收土地时多遵循完全补偿原则。

（2）不完全补偿原则。这种原则基于土地所有权的社会义务性观念考虑，认为土地财产权因担负一定的社会义务而不具有绝对性，对于不可量化的因政府征地导致的被征地人精神层面的损失，可以视为社会制约所导致的一般牺牲，为原土地权利人应承担的社会义务，不需要给予补偿，仅就可量化的物质损失进行适当补偿即可。

（3）相当补偿原则。该原则认为，对被征地农民的补偿额度应视具体情况而选择是完全补偿还是不完全补偿。在多数情况下，出于宪法对财产权和平等原则的保护，应给予完全补偿，但在特殊情况下，也可以给予不完全补偿。

可以看出，补偿原则不是绝对的，各国可以根据国家经济水平和财力状况逐步调整与改善，以使被征地农民获得公正合理的补偿。

2.2　相关理论

2.2.1　土地产权理论

产权是财产权利的简称，从经济学的角度解释，产权是用于界定人们在经济活动中如何获益、如何受损以及如何进行补偿的。土地作为一种重要资产，其产权也遵循一般的特征与功能，但由于土地在交易中又是一种特殊的商品，土地产权也有其独特的内容。马克思在《资本论》《剩余价值理论》等经典著作中，对土地产权的内涵与外延都有精辟的论述，构成了一个科学的土地产权权能理论体系。

马克思提出，土地产权是指由土地终极所有权以及由所有权衍生出来的占有权、使用权、收益权、处分权、转让权、抵押权等权能组成的权利束，并且所有的土地产权权能既可以全部集中起来由一个产权主体行使，也可以从中分离出一项或几项权能由不同的主体独立运作。马克思进一步考察了在不同生产方式和生产关系下权能统一与分离的组合方式：一是土地所有权与占有权、使用权合为一体，这种情况多指在小生产方式中土地的所有者同时也是土地的支配者和使用者；二是私有制基础上的土地所有权与使用权、占有权相分离，且分别属于不同的权利主体；三是公有制基础上的所有权与使用权、占有权的分离。公有制下，国家为权利最高的地主，其拥有全国范围内集中的土地所有权。这就是说，在土地产权完全归国家所有的制度下，仍然存在着土地所有者与占有者、使用者的分离。

马克思将土地产权当作一种商品来理解，认为土地产权不仅是收入的一个源泉，它还作为一种产权和一种手段，使所有者能够在他的所有物作为生产条件加入的生产领域中占有被产业资本家榨取的无酬劳动的一部分，于是剩余价值就会在产业资本家和土地所有者之间进行分割。因此，人类生产和生活离不开土地，要使用土地，必须先取得土地的相关权能，这部分权能就很容易被当作商品在市场中进行交易。土地产权商品化理论为土地产权配置市场化提供了理论基础，土地产权作为商品在市场上流通，其价格由供求关系决定，并按市场规则进行权能流转。进一步，马克思指出土地产权在市场中有两条配置途径：一是土地产权的出租和转租，即通过租赁方式来实现一定时期内土地的占有、使用等权能由土地所有者向使用者流转；二是通过土地产权的买卖，同时实现土地产权的让渡和货币产权的流转。

实践中，抛开资本主义的雇佣劳动关系，马克思的土地产权理论在我国农村土地制度下仍然有很大的适用性。按照马克思的理论来分析，我国农村现行的土地产权制度存在严重扭曲，主要表现在两个方面：一是农村土地所有权主体界定不清晰。依照《中华人民共和国土地管理法》（2004年修订版）的规定，"农村和城市郊区的土地除法律规定属于国家所有的以外，属于集体所有；宅基地和自留地、自留山也属于集体所有"。"农民集体所有的土地依法属于村农民集体所有的，由村集体经济组织或者村民委员会经营管理；已经分别属于村内两个以上农村集体经济组织的农民集体所有的，由村内各该农村集体经济组织或者村民小组经营、管理；已经属于乡（镇）集体所有的，由乡（镇）农村集体经济组织经营管理"。从表面看，法律界定了农村土地的所有权属，即农村土地归集体所有，城市土地归国家所有，但如果深入考察，发现集体土地所有权主体界定是模糊的，因为我国农村目前存在多种形式的集体经济组织，如乡（镇）、村、村民小组、村内集体经济组织，这些组织按照规定都可以代表农地的所有者，那如果一个地区，这些组织同时存在，农地的权属该归谁所有？事实上，"一权多主"的结果导致不存在实质性的土地产权主体。

二是农村土地产权权能残缺。首先，我国的农村集体只是名义上的土地所有者，事实上集体土地的支配权、处置权一直掌握在国家的基层政府手中，农村集体对土地的占有、使用、经营和处置权力极其有限。其次，国家在实行土地征收时，凭借强制力剥夺了农民对土地的收益权。依照法律规定的征收程序，农村集体土地必须先将其所有权归还国家之后才能由国家出面进行转让，而农用地进入城市建设用地市场，其价值大幅上涨，农民由于缺乏对土地的完整和独立的产权，无权参与分配土地资本出让后的增值收益，因此土地出让的巨额收入大部分纳入政府的财政收入。据调查，在土地征收增值部分的收益分配中，投资者和政府拿大部分，村集体留下两三成，农民拿到的往往不到10%。另外，基于历史原因，我国农村土地的各种权利内涵、相应的权利主体及其相互间的界限缺乏严格的界定，致使农村农地产权界区不清、产权关系混乱、侵权现象严重、土地流转权利仍未放活，农民缺乏对土地的完整、独立、稳定和受保障的产权。

鉴于我国农村土地产权存在的缺陷，现阶段应继续深化农村土地制度改革，要在坚持农村土地集体所有的前提下，促使承包权和经营权分离，形成所有权、承包权、经营权三权分置，推动经营权流转的格局。在这一理论设计推动下，对农民、集体经济组织进行土地确权工作成为明晰产权的必然选择，也是土地物权化的现实反映，其预期成效就是农民有了对承包经营土地的财产权，而且可以带着农地的承包权进城，并可以通过产权交易平台实现有偿退出或其他流转权能。因此，土地产权完整和权能流转是土地征收市场化定价的基础和前提。

2.2.2　土地价格形成理论

土地作为一种基础而又特别的生产要素，其价格形成具有一定的特殊性。由于土地资源能够为所有者与经营者带来利益，因此具有交易价格。但土地又不是一般意义上的劳动产品，它的价格没有任何价值，它的价格也就不是商品价格。因此，马克思提出，土地价格是地租的资本化表现形式。马克思主义地租理论的突出贡献在于，指出资本主义地租的本质是剩余价值的转化形式之一，并根据地租形成的不同原因及条件将其划分为三种形式：绝对地租、级差地租和垄断地租。因此，土地价格也体现为这三种形式的地租组合。

绝对地租的实质是一种超额利润，是指由于存在土地所有权的垄断，而不管租用何种等级的土地都需要交纳的租金，即农产品的价值超出社会生产价格水平的差额而产生的超额利润。马克思认为：由于农业资本有机构成比较低，其个别生产价格与社会生产价格之间存在差额，即构成绝对地租。随着科技进步，当农业资本有机构成高于工业资本的有机构成时，绝对地租就表现为市场价格超过价值和生产价格的剩余；当农产品供给出现相对过剩、价格下跌时，绝对地租就来源于雇佣工人工资或资本家平均利润的扣除，或是殖民地国家农业工人创造剩余价值的转移（毕宝德，2001）。

级差地租是指由于土地经营权的垄断，租种条件优良的土地而需要缴纳的有差别的地租，其实质也是一种超额利润，是土地经营权垄断的结果。级差地租按形成的条件不同分为两种形式：级差地租Ⅰ与级差地租Ⅱ。级差地租Ⅰ是指投到相等面积、不同地块的等量资本，因为土地的地理位置和肥沃程度的不同而形成的超额利润转化为的地租。级差地租Ⅱ是指在同一块土地上连续投入等量资本形成不同生产率所产生的超额利润转化为的地租。

垄断地租是一种较为特殊的地租，指由于某些地块具有特别优越的条件，可以生产出特别稀有的产品，而导致这种产品的垄断价格超出社会生产价格或土地价值的超额垄断利润，这种超额利润最终会转化为垄断地租。

地租是一个历史范畴，与土地所有权密切相关，它是土地所有权在经济上的体现形式。马克思曾说过，"地租是一种土地所有权实现的经济形式"，因此，只要存在土地所有权，就会存在绝对地租。土地的价格是地租的资本化，但对于已经被利用的土地价格而言，由于在使用过程中凝结了人类的劳动，并且产生了生产费用，有了价值价格与价值因素，因此土地包含了两个层次的价格，即土地资源价格与土地固定资产价格，这两者之和的资本化便是土地价格（朱晓渭，2007）。

土地的价格是地租或最优利用方式下土地纯收益的资本化，土地价格也深受土地价值的影响。土地价值由天然价值、劳动价值和稀缺价值三部分组成。这三种土地价值与土地地租的三种形式是相互联系、相互统一的。土地天然价值是指土地自身的使用价值，不包含人类劳动的价值，其取决于土地的自然丰饶程度；土地劳动价值是指土地附加上的直接和间接人类劳动（包括活劳动和物化劳动）所具有的价值。其中，附加的直接劳动通过土地自然条件影响级差地租Ⅱ，间接劳动则是通过改善土地周围区域的基础设施（如水、道路、通信以及医疗、文化、教育等），间接地影响级差地租Ⅰ；土地稀缺价值取决于土地的供求关系，其直接影响土地垄断地租。

　　实践中，马克思的地租和地价理论很好地解释了我国土地价格形成的不合理性。现阶段我国农村土地所有权为集体所有制，这种所有权制带有明显的垄断性，意味着农村土地存在绝对地租。而土地的地理位置、肥沃程度以及连续追加投入的劳动生产率差异，说明农村土地也存在级差地租。土地征收使土地所有权者永远失去土地的所有权，即永久丧失土地的收租权；对于土地承包经营者的农户来说，土地征收也意味着永远丧失土地的收益权（高跟娣，2008）。因此，在征地补偿过程中，对于农村集体经济组织（土地所有权者），补偿价格应该包括全部绝对地租，由于级差地租不仅由原始位置决定，还取决于后期的政府规划和投资，因此级差地租应在国家与集体之间合理分配；对于被征地农民（土地承包经营权者），由于在土地上投入了直接和间接的人类劳动（包括活劳动和物化劳动）使土地具有了劳动价值，自然也应分享到级差地租Ⅰ和级差地租Ⅱ，即应分享到一定的土地补偿费和其他投入的补偿。另外，由马克思的地租和地价理论，我国征地制度下一步改革的重点是加速培育农地要素市场，以期形成市场化定价机制。

2.2.3　利益博弈理论

　　博弈论（game theory）又称为对策论或赛局理论，是研究多个个体或团体之间在特定条件制约下，根据局中利用相关方的策略而实施对应策略的理论，简单来讲，博弈论的核心是考虑个体或团体的预测行为和实际行为，并研究他们的优化策略。博弈论思想古已有之，中国古代的《孙子兵法》等著作就不仅是一部军事著作，还可算是最早的一部博弈论著作。对于博弈论的正式研究，开始于策墨洛（Zermelo，1913）、波雷尔（Borel，

1921）及冯·诺伊曼（von Neumann，1928），后来由冯·诺伊曼和奥斯卡·摩根斯坦（von Neumann and Oscar Morgenstern，1944，1947）首次将其系统化和形式化（Myerson，1991）。随后，约翰·福布斯·纳什（John Forbes Nash Jr.，1950，1951）利用不动点定理证明了均衡点的存在，为博弈论的一般化奠定了坚实的基础。此外，塞尔顿、哈桑尼的研究也对博弈论发展起到推动作用。现代经济博弈论产生于 20 世纪 50 年代，是由著名的数学家冯·诺伊曼和经济学家奥斯卡·摩根斯坦将博弈论引入经济学，目前已成为一种重要的经济行为分析工具。

博弈论认为人是理性的，即人都会在约束条件下追求自身利益的最大化。人们在沟通合作中彼此的行为相互影响，有时会有冲突，而且存在信息不对称。博弈论研究在一个局中，利益各方发生相互作用时各自采取的决策，以及决策达到均衡的问题。在市场经济中，博弈论则研究如何使人们在市场经济中自愿遵守有效的制度安排，达到均衡决策，最大化增进社会福利。土地征收会产生巨大的收益，由于存在多方利益主体，同时每一个利益主体有多种利益诉求，使土地征收中的表面利益冲突和实质利益冲突异常复杂。因此，在征地利益分配中，各利益主体需要通过相互博弈，获取均衡决策。

我国土地征收博弈模型中的利益主体主要有四方：用地单位、征收者、农村集体组织和被征地农民。用地单位是开发商的集中代表，以追求个人利益最大化为唯一目标，往往把包括补偿费用在内的成本核算和项目可行性研究等作为其投资决策的主要依据。用地单位在政府实行"招、拍、挂"的过程中，通过市场利益诱导机制，采用一些特殊策略直接与地方政府谈判获得土地，成为利益博弈中的纯粹牟利者。我国的土地征收建立在公共利益基础之上，被视为公共利益代表的政府拥有行使征收的权利，自然成为征收主体。然而，政府作为"理性经济人"，同样需要追逐政绩，获取自身利益最大化。从现实看，政府利益也是客观存在的。具体到土地征收中，由于土地出让金是很多地方政府财政的主要来源，某些地方政府便通过扩大"公共利益"用地需求，使土地进入流转市场，然后再通过价格的"剪刀差"获取巨额利润，这也是暴力征收、野蛮拆迁的动力源泉。可见，政府作为土地征收者，本应是公共利益的化身，但由于其又存在追逐自身利益的内在驱动，由此导致政府利益与公共利益冲突就在所难免。农村集体组织作为集体土地所有权的拥有者，为了维持集体经济组织的发展，其也有理由从土地补偿款中分得一杯羹，因此也需要采用一定的策略为集体的利益博弈。被征地农民作为土地征收的利益最大相关者，首先，保障个人的土地利益是其主要诉求，即获得最大程度的补偿；其次，公共利益是次要诉求，即农民作为社会成员也会享受土地征收所带来的社会福利增加。被征地农民作为集体经济组织的成员，名义上拥有土地的所有权，实际上仅拥有土地使用权，在土地征收中没有参与权和选择权，只能就决定征地补偿费用的高低时拥有某种程度的议价权。再加上土地征收过程中，农民获得的信息不充分，被征地农民在局中往往处于被动接受者和利益诉求者的弱势地位。因此，在整个土地征收和补偿的过程中，用地单位、政府、集体组织和被征地农民四者，为了维护各自的利益进行博弈。

（1）公共利益与个人利益的冲突。在土地征收过程中，政府所代表的征收主体与被征收人是一对基本矛盾体。在现代国家，公共利益通常是限制个人利益的合法条件，即公共利益的实现可能要牺牲个人利益。因而社会个体为了公共利益牺牲其个人利益是合理的，但是这种牺牲需要给予一定补偿，否则就是不公平的。但问题是，国家近年来几次提高补偿标准，但被征地农民还是对补偿水平有很大意见，这是因为补偿的公平与否是相对的，因人而异。被征收者失去的不仅仅是土地本身，附加在土地上的发展权、政治权和保障权等诸多权利也随之消失，正因为如此，在征收过程中，农民的个体权利才表现出很强的执拗性，这种执拗性符合个体权利的本质，因此，政府的公权力和农民的个体权利相互博弈，然而处于弱势地位的个体就需要以公民基本权利来衡量、制约公共利益，以公民合法权利来控制公权力（高志宏，2014）。

（2）公共利益与政府利益的冲突。在土地征收中，政府既是公共利益的应然代表，同时又是政府利益的实然代表，则公共利益就存在被"假冒"的风险（王新生，2008）。事实上，我国当前的土地征收常常隐含着地方政府的双重利益和用地单位的商业利益，地方政府往往通过"招、拍、挂"的竞争方式拉高土地出让价格转给用地单位，因而地方官员取得

"政绩"的同时，其个人利益也得到了极大的满足；而用地单位通过投资开发将土地进行商业化运作，也从中获取巨大的商业利益。相关调查显示，在我国土地征收增值部分的收益分配中，用地单位获取最多收益，占40%~50%，政府拿走20%~30%，村级组织留下25%~30%，而农民拿到的补偿款只占整个土地增值收益的5%~10%。

土地征收行为的初衷是以增加公共利益为目标，但在实践中，地方政府和开发商在经济、信息等方面都处于优势地位，公共利益容易异化进而诱使政府的寻租行为，极大地损害了农民的土地权益，也削弱了政府的公信力。因此，如何克制政府对政绩的追逐和促进公共利益的实现，是土地征收中利益博弈的关键。

2.2.4　公平与效率理论

公平与效率是宏观决策主体在制度设计与改革目标选择时的两难抉择。我国土地征收过程中围绕土地收益分配、被征地农民安置补偿进行了相关的制度安排，但这些制度的公平性与效率性存在着很多争议，实施中也面临许多困难。

公平，一般指所有参与者（人或团体）的各项属性（包括投入、获得等）平均分配，直接关系到各利益主体间利益关系的调整。然而，公平的判断容易受主观因素的影响，不同的人由于其所处的社会经济关系不同，价值判断也不同，一般认可三个不同的标准：（1）机会均等，即每一个参与主体不论自然禀赋和特定环境是否存在差异，都应享有同等的参与机会；（2）贡献标准，指每个人的收获依据其能力和努力程度做出的贡献大小进行分配；（3）需求标准，即依据生存水平的需求性进行分配，确保每个人都得到基本的生存空间。所谓效率，通常指经济效率，从经济学的角度，一般把帕累托原则作为评判经济效率的标准。帕累托最优，也称为帕累托效率，是一种资源分配达到的最理想状态，指资源分配的理想状态，即某种资源的配置，如果没有任何一个人可以在不使他人境况变坏的同时使自己的情况变得更好，那么这种状态就达到了资源配置的最优化，达到了"帕累托最优"。经济学家们讨论的效率一般都是帕累托意义上的效率，通常涉及经济效率、资源配置效率、生产效率、交换效率、消费效率、发展效率、制度效率等。

关于公平与效率的关系，有三种最具代表性的观点：（1）公平与效率相互统一，即认为公平与效率之间本质上是完全统一的，二者相互依存、相互促进。追求公平可以促进效率的提高，而提高效率的结果也会促进公平。（2）公平与效率相互对立，即认为公平与效率之间存在不可避免、不可调和的矛盾，是一种"鱼与熊掌不可兼得"的关系。实践中，只能权衡利弊，二者择一，强调追求公平必然会降低效率，而追求效率必然会导致不公平。（3）公平与效率对立统一，即认为公平与效率表面矛盾但内在统一，表现为效率决定公平的发生、发展，公平对效率也会有反作用力（赵萌，2014）。

实践中，在分析土地征收引起的公平与效率问题时，公平与效率对立统一的观点更为适用。农村土地征收行为的实质是土地资源的重新配置，这种行为会引起社会福利的重新分配，在分配的过程中同时兼顾到公平和效率既有必要性也有可能性。因为，没有土地资源配置的效率，城镇化进程必然受到阻碍，经济发展必然受到影响，社会成员的经济收入也必然随之下降，政府在建立社会保障体系时也必然缺乏足够的财力支持，因而收益分配的公平性失去了物质基础。相反，如果仅仅从效率出发而忽视了社会成员间财富分配的公平性，则最终必然引起资源配置中各种阻力增加，甚至社会稳定的环境受到很大冲击，导致经济层面的资源配置无法实现或得不到有效保护。因此，在土地征收中公平与效率是相互作用、对立统一的，应兼顾二者的平衡。

2.3 本章小结

本章首先对本书研究涉及的土地征收、土地征用、征地安置补偿相关概念进行了界定与辨析，随后对土地产权理论、土地价格形成理论、利益博弈理论、公平与效率理论等经典经济理论进行阐述，为后续章节的研究内容提供充实的理论支撑。

第 3 章

我国土地征收补偿制度的历史沿革与现状评析

土地征收及补偿是我国一项重要的土地法律制度。我国现行的征地补偿政策是在中华人民共和国成立之后，伴随着国家社会、经济、政治等方面的发展以及宪法和其他法律制度的变迁，经历一系列变革，进而不断演化、不断改进形成的。任何制度都具有路径依赖的特征，研究征地补偿制度的历史沿革，可以探求其变迁过程中的发展脉络以及制度缺陷的根源，为未来征地补偿制度的提升和相关政策的改良提供指导。

3.1 我国土地征收补偿政策的演进历程

以时间为序，我国的土地征收补偿政策大致经历了以下六个阶段的演变。

3.1.1 萌芽起步时期（1949～1957 年）

中华人民共和国成立初期，整个国家的社会和经济发展缓慢，征收土地的情况较少。1954 年之前，农村土地所有制是多种所有制，虽然国家将土地收归全民所有和集体所有，但更多的还是归农民私人所有，因此，农民个人是最主要的被征地主体。由于当时的人均占有耕地数量较多，征地补偿标准也较低，一亩地的补偿标准也就几百元，少的时候也就几十元，并且征地后也基本上不需要对农民进行安置。随着经济的逐渐恢复，建设用地的需求不断增加，国家开始重视农用地转为建设用地的现象。1953 年12 月颁布了《国家建设征用土地办法》，其中第三条规定："由于国家建设需要征用土地，必须妥善安置被征用土地人的生产和生活。如果对被征用土地人暂时无法安置，应等到安置妥善后再实施征用，或另行选择土地进行征用。"随后，1954 年 9 月，我国第一部宪法《中华人民共和国宪法》（以下简称"五四宪法"）出台，肯定了国家建设对农地的征收，"国家根据公共利益的需要，可以依法对城乡土地及其他生产资料进行征用、征购或者收归国有"。对土地补偿规定以其最近 3～5 年产量的总和为标准，对被征收土地上的水井、树木、农作物及房屋等附着物，应该给予公平合理的补偿。

这个时期土地征收补偿政策的特点表现为：第一，征收的土地为农民个人所有的私有化土地；第二，补偿的范围为土地本身、土地上的附着物以及安置被征地农民的生活；第三，补偿的原则本着公平合理的原则，不强制执行；第四，农民对征地补偿的接受程度较高，这是因为农民普遍认为土地是国家无偿分配的，并且当时经济处于发展阶段，各行各业吸收了不少劳动力，人地矛盾较缓和。

3.1.2　调整与停滞时期（1958～1981 年）

随着国家建设与社会主义改造的突飞猛进，我国进入工业建设时期，建设用地审批权限相对宽松，土地征收现象严重，也开始出现被征土地大量闲置浪费的现象。1958 年 1 月国务院修订了《国家建设征用土地办法》，提出"征用土地，应该尽量用国有土地调剂，不能调剂的或者调剂以后对被征用土地人的生产和生活有影响的，应该给被征用土地人发放补偿费或者补助费"。另外，该办法还扩大了土地征用的范围，征用的土地不仅包括农民私有土地，还包括农业合作社集体所有的土地。

1958 年修订的《国家建设征用土地办法》将原先的征地补偿标准由"一般土地以其最近 3 年到 5 年产量的总和为标准"，调整为"最近 2 年到

4 年产量的总和为标准", 补偿款的发放视具体情况而定, 根据权属发放给私人或集体。对于安置方式, 该办法要求当地人民政府必须解决被征地农民的安置问题, 尽量为农民安排土地, 使他们继续从事农业生产或者帮助他们转移就业, 并鼓励用地单位协助政府劳动部门及工会在条件允许的范围内, 尽可能吸纳被征地农民到本单位就业(张爱萍, 2006)。然而, 这个时期起初对征地审批流程缺乏严格的审查机制, 导致征地行为一度混乱失控, 为此, 国家在 1962 年、1964 年先后出台相关规定, 严格限制征地审批权限, 要求各建设单位将早征迟用、多征少用和征而未用的土地退还给生产队。此外, 征收土地超过 10 亩, 必须报省级人民政府审批。

随着计划经济体制的推行, 农地私有化受到了农地兼并的大土地所有者的挑战, 以自愿为基础的初级合作社形成, 农村土地所有制呈现出土地私人所有和土地集体所有并存的局面。为此, 1956 年 3 月全国人大常委会通过《农业生产合作社示范章程》, 农村土地集体所有制全面普及, 至 1958 年农业社会主义改造完成, 农村土地彻底实现了从私人所有向集体所有的转变, 正式形成了城镇土地归国家所有、农村土地归集体所有的二元土地所有制结构。

其后, 从 20 世纪 60 年代中期开始到 70 年代中期, 经历了"文化大革命"时期, 各行各业基本陷入停滞, 对土地管理的法律、政策发展也陷入停顿。70 年代中期到 80 年代初期, 国家拨停政治动乱, 各种生产活动逐渐复苏, 征地管理工作也随之恢复。1973 年 6 月, 国务院发布《基本建设中节约用地的指示的通知》, 要求各单位必须严格按照征地审批制度实施土地征用, 并认真办理征地手续。对于初步设计没有经过批准的项目, 一律不许实施土地征收。随后, 1975 年、1978 年国家又分别对宪法中土地征收规定进行小修改, "国家依照法律规定的条件, 可以对城乡土地及其他生产资料实行征用、征收或者收归国有""国家可以依照法律规定的条件, 对土地实行征购、征用或者收归国有"。与"五四宪法"相比, 这两次修改都删去了征地的前提要求, 即"为了公共利益的需要", 表明国家暂时放松了对征收土地目的的管制(薛小建, 2010)。

这一阶段是我国社会、经济、政治发展中最为特殊的时期, 各项制度与政策出现了反复与停滞, 在此背景下, 征地制度也经历了探索、调整与停滞，其主要特点表现为：第一，确立了城镇土地归国家所有和农村土地归集体所有的公有制，被征收土地的主体由农民个人转变为村集体；第二，降低征地补偿标准，实行工农业"剪刀差"，通过压低征地成本获取更大的经济建设收益；第三，在被征地农民的安置方面，按照"上山下乡"方针，更多强调农业安置；第四，严格控制审批权限，杜绝土地征用后浪费的现象；第五，中央政府下放部分征地权利，增强了省级单位的审批权限。

3.1.3　深化改革时期（1982～1997年）

党的十一届三中全会将工作重点转移到社会主义现代化建设上来，随之城市和农村的建设用地需求激增。为了满足经济发展对于建设用地的需求，国家于1982年5月颁布《国家建设征用土地条例》，同时之前的《国家建设征用土地办法》废止使用。新的土地条例体现了计划经济体制下土地征收的强制性特征，明确了土地征用后所有权（国家所有）和使用权（用地单位所有）相分离，并制定了比较完备的土地征收程序及配套的补偿措施（龚永华，2007）。该条例第四条明确了征用土地的强制性特点："国家建设征用土地，凡符合本条例规定的，被征地社队的干部和群众应当服从国家需要，不得妨碍和阻挠"。第五条提出征用土地的所有权和使用权的分离，如"凡是已被征用的土地，其所有权归国家所有，用地单位拥有其使用权"。关于征地补偿问题，该条例第九条和第十条明确了三部分费用。一是土地补偿费：征用耕地（包括菜地）的补偿标准，为该耕地年产值的三至六倍，年产值按被征用前三年的平均年产量和国家规定的价格计算。二是安置补助费：征用耕地（包括菜地）的，每一个农业人口的安置补助费标准，为该耕地每亩年产值的二至三倍，需要安置的农业人口数按被征地单位征地前农业人口（按农业户口计算，不包括开始协商征地方案后迁入的户口）和耕地面积的比例及征地数量计算。年产值按被征用前三年的平均年产量和国家规定的价格计算。但是，每亩耕地的安置补助费，最高不得超过其年产值的十倍。三是青苗补偿费及地上附着物补偿费：青苗补偿费及被征用土地上的树木、水井、房屋等附着物补偿费的标准由省（自治区、直辖市）级人民政府来制定，如果在开始协商征用土地方案以后抢种的作物和抢建的设施，一律不给予补偿。对于被征地农民的安置办法，条例中建议采用多种途径：优先就地安置（如发展农业生产、社队工副业生产等）、用地单位安置以及农转非后招工安置。

1986年6月，《中华人民共和国土地管理法》出台，关于土地征收和补偿的规定基本采用了《国家建设征用土地条例》中的内容，将其提升到法律的层面，成为土地征收的重要法律依据。

这一时期是我国经济体制从传统的计划经济向市场经济转型的初始阶段，在此背景下，征地补偿制度的特点有：第一，突出了征地的强制性特点，不关心农民的被征地意愿，强制执行；第二，提出了被征用土地的所有权与使用权相分离，被征用的土地所有权仍归国家所有，用地单位只有使用权；第三，明确了征地补偿费用包括的项目，并提高了各项补偿的标准；第四，规定了土地征收的分级限额审批制度。

3.1.4 继续推进时期（1998～2003年）

基于各地征地热潮持续升温，国家对征地制度及补偿政策进行进一步完善。1998年新《土地管理法》颁布实施，新法对"土地用途管制"和"耕地占补平衡"制度进行明确规定，即第四条规定，"国家实行土地用途管制制度，将土地分为农用地、建设用地和未利用地，严格限制农用地转为建设用地"；第十九条规定土地利用总体规划编制原则之一为"占用耕地与开发复垦耕地相平衡"。有关征地补偿标准，相比1982年版土地管理法，新法提高了所有补偿项目的标准，如土地补偿费提高到被征前三年平均产值的6～10倍，安置补助费提高至4～6倍，每亩土地最高不超过15倍，以及土地补偿费和安置补助费之和不超过30倍。在征地程序方面，新法规定了征用土地公告、征地补偿安置方案公告和征地补偿登记的"两公告一登记"制度，赋予农民一定的知情权。除此之外，这一时期各地在实践中创新出留地安置模式，即在规划确定的建设用地范围内留出一定比例的建设用地返还给所在的村集体经济组织，用于支持被征地农民和集体经济组织从事非农性生产经营的一种安置方式。这种安置方式多应用在城乡接合部和经济比较发达的地区。

这一阶段征地补偿政策的特点表现为：第一，立法理念发生转变，从农用地为建设用地服务的理念转为保护耕地的理念上来；第二，中央政府收回部分征地审批权限，取消县级审批权；第三，增加了各补偿项目产值倍数，征地补偿标准进一步提高；第四，"两公告一登记"制度不仅赋予农民知情权，而且一定程度上给予农民参与征地补偿方案的权利。

3.1.5　不断修订时期（2004～2010年）

2004年8月，《中华人民共和国土地管理法》再次修订，关于土地征收方面的调整主要体现在第二条，即将"国家为公共利益的需要，可以依法对集体所有的土地实行征用"改为"国家为了公共利益的需要，可以依法对集体所有的土地实行征收或征用并给予补偿"，并对相应条款中含有土地征收之义的"土地征用"都改为"土地征收"，体现了对土地征用和征收的词义区别。除此之外，有关征地补偿方面的规定，新版的土地管理法基本继承了1998年版的内容，继续沿用前三年平均年产值倍数法计算征地标准的做法。这就使这个时期的征地补偿政策仍带有明显的计划经济特征，在市场经济体制下则显得不尽合理。在此背景下，2004年10月国务院出台《关于深化改革严格土地管理的决定》，对土地征收的补偿标准进行重大调整，"县级以上地方人民政府要采取切实措施，使被征地农民生活水平不因征地而降低""省、自治区、直辖市人民政府要制定并公布各市县征地的统一年产值标准或区片综合地价，征地补偿做到同地同价，国家重点建设项目必须将征地费用足额列入概算"。关于对被征地农民的安置补偿方式，《关于深化改革严格土地管理的决定》也分情况提供了四种途径，即建设用地土地使用权入股、土地换社保、就业安置和异地移民安置。

随后，为落实和指导地方政府制定新的征地补偿标准，中华人民共和国国土资源部（以下简称"国土资源部"）于2004年11月发布《关于完善征地补偿安置制度的指导意见》，对统一年产值标准的制定、年产值倍数的确定以及区片综合地价的制定等方面，提出了具体的指导意见。"测算征地统一年产值标准要考虑被征收耕地的类型、质量、农民对土地的投入、农产品价格及农用地等级等因素，在一定区域范围内（以县域范围为主），在主导性农用地类别和耕作制度条件下，以前三年主要农产品平均产量、价格及相关附加收益为主要依据进行测算。""以统一年产值标准为基数，同时综合考虑当地经济发展水平、居民生活水平、被征地农民社会保障需要等其他条件，确定补偿倍数，计算征地补偿费用。""在有条件的地区，省级国土资源部门可会同有关部门制定省域内各县（市）征地区片综合地价，报省级人民政府批准后公布执行，实行征地补偿。制定区片综合地价应考虑地类、产值、土地区位、农用地等级、人均耕地数量、土地供求关系、当地经济发展水平和城镇居民最低生活保障水平等因素。"2005 年 7 月，国土资源部为贯彻新标准，发布《关于开展制定征地统一年产值标准和征地区片综合地价工作的通知》，要求各地在 2005 年底完成征地统一年产值标准和区片综合地价的制定及公布工作。新的征地补偿标准在一定程度上适应了市场经济制度下"按价补偿"的要求。2010 年 7 月，国土资源部《关于进一步做好征地管理工作的通知》重申，切实加强和改进征地管理，推进征地补偿新标准实施，采取多元安置途径，确保被征地农民原有生活水平不降低，长远生计有保障。同年，新一轮征地改革工作在天津、唐山等 11 个试点城市正式启动。征地制度改革试点重点把握五个方面的内容：一是严格依法依规征地，切实维护农民权益；二是缩小征地范围，控制征地规模；三是合法合规，严格规范征地程序；四是科学制定征地补偿标准，给予被征地足额补偿；五是多途径安置被征地农民。

这一时期征地补偿政策改革的主要特点表现为：第一，对"征收"和"征用"的概念进行严格区分，"征收"意味着所有权的转移，而"征用"只转移使用权，所有权不变；第二，新的征地补偿标准制定时需考虑多方面的综合因素，使征地补偿数额接近土地的市场价值，一定程度上体现了"按价补偿"的原则；第三，多途径安置方式，保障被征地农民长久生计；第四，加大征地程序公开力度，赋予农民一定的知情权和利益表达权。

3.1.6　严格管制时期（2011 年至今）

2011 年 4 月 10 日，从国土资源部的调研情况看，31 个省（区、市）

都反映计划指标不足，多数反映下达指标只能满足需求的 1/3。虽然新增建设用地不断增长，依然无法满足我国迅猛发展的用地需求。但由于土地搁置和浪费严重，影响到了我国耕地安全，为了协调这一矛盾，2011 年 6 月 25 日国土资源部正式印发《国土资源"十二五"规划纲要》，确定了未来五年国土资源管理的总体目标。确立"十二五"期间，全国耕地保有量保持在 18.18 亿亩，新增建设用地总量控制在 3450 万亩。为了进一步强化对土地的调控，2011 年 7 月 20 日，温家宝主持召开国务院常务会议，会议要求：（1）坚决保护我国耕地现有数量不减少，同时提高耕地质量；（2）严格执行《中华人民共和国土地管理法》，依法处理与土地相关事务，杜绝违法违规使用土地现象重现；（3）实现农村集体土地建设用地的科学、规范管理，严格执行《国有土地上房屋征收与补偿条例》；（4）加大保障性住房的供应工作；（5）加快我国土地结构调整和方式转变，进一步完善我国土地调控机制，即我国土地市场的"国五条"。同时，国土部提出，为了适应新形势的需要，不使我国耕地过快流失，同时保障农民合法权益，应尽快修改现存土地管理法，保障农民的土地权利，至此，修改土地管理法被提上日程。2012 年 2 月 17 日，国土部再次重申，《中华人民共和国土地管理法》要修订到位，"必须让集体土地入市"，根本上要从地方的财税制度改革做起：一方面，要让地方政府有一个和实权匹配的财权；另一方面，在土地税收上，要从重交易环节改为重土地保有环节。2012 年 9 月 13 日，国土资源部发布《关于严格执行土地使用标准大力促进节约集约用地的通知》，提出要严格土地使用标准，明确供地政策，对于没有颁布国家使用标准的土地，应该根据本地区特点、资源条件和项目类型等，制定专门的建设用地审批和用地手续；对于那些国家和地方尚无标准的建设用地审批项目，要组织相关专家针对要进行的项目进行集体评审，根据评审结果和专家意见，办理供地手续。关于集体土地征地补偿制度的修改，2012 年 11 月 29 日，国务院通过《中华人民共和国土地管理法修正案（草案）》，对农民集体所有土地征收补偿制度作了修改。修正案草案坚持"先补偿安置，后实施征地"原则；建立健全违规征地行政问责制度，保障失地农民行政复议和提起行政诉讼的权力。修正案草案还规定，应当按照公开、公正和合法原则，给予被征地村民公平补偿。因此，土地管理法修正案草案中还删除了有关征地补偿上限 30 倍的说法。除此之外，修正案草案中还增加了"补偿资金不落实的，不得批准和实施征地"等内容。

为加快推进征地制度改革，保障和改善民生，依法进行土地征收，国土资源部办公厅于 2013 年 5 月发布《关于严格管理防止违法违规征地的紧急通知》，要求征地活动不得强制执行，避免暴力征地行为；对于违反征地合法程序，拖欠征地补偿费用，不实施征地安置的地区，必须进行整改；严肃查处违规征地和强制征地行为等，处理好"保发展、保红线、保权益"的关系。十二届全国人大一次会议审议通过《国务院机构改革和职能转变方案》提出，建立不动产统一登记制度，整合房屋、林地、草原、土地登记的职责，由一个部门承担。国务院第三十一次常务会议进一步要求，进一步完善不动产统一登记制度，由国土资源部具体负责监督不动产登记执行情况，要求实现登记簿册、登记机构、登记依据和信息平台的统一。这有利于建立和完善社会主义市场体系，更好地保护不动产所有人的基本财产权利，对于我国政府转型也具有重要意义。截至 2013 年，我国农村集体土地所有权确权登记率达到 97%，集体建设用地和宅基地确权工作也在全面推进中。国土资源部于 2013 年 4 月发布《开展城镇低效用地再开发试点指导意见》，要求积极推进城镇开发中低效用地的再利用，转变经济发展方式，实现土地利用结构优化。主要政策措施包括：管理并规范政府建设用地存量的开发与利用；加强民生工程和公共设施建设，提高城镇低效用地补偿；扶持和鼓励市场主体和集体经济组织开展城镇低效建设用地的再开发和再利用等。

这一阶段的征地管理政策不断趋于严格，管理部门也意识到我国集体土地产权所存在的弊端，通过出台一系列制度努力使我国集体土地产权得到更加明确的界定，以适应市场需求，并有意识地通过市场对土地资源进行优化配置，这一系列的土地政策和法规也在一定程度上减少了土地的浪费现象，使有限的土地资源得到了相对合理的配置。但是，我国征地补偿制度的内在缺陷没有彻底解决，农民的征地补偿标准和安置方式仍未得到切实提高。

3.2 土地征收补偿模式的实践探索

3.2.1 货币补偿

货币补偿是目前我国多数地区普遍采用的一种补偿被征地农民的方式。货币补偿是在土地征收后，依据《中华人民共和国土地管理法》的相关标准，将所有的补偿费，包括土地补偿费、安置补助费、青苗以及地上附着物补偿费一次性支付给被征地农民，即用一定的货币量从农民手中一次性买断土地的使用权，从此以后农民自己解决就业和生计问题。一次性货币补偿可以使农民一次性获得一大笔收入，在当时相当可观，但这种简单的补偿方式给被征地农民的日后生活带来诸多隐患。在我国，土地不仅是农民最基本的生产资料，更是农民生存和生活的保障。货币补偿只考虑了被征地农民的眼前利益而忽略了其长远保障，没有充分考虑到土地上依附的诸多社会功能，如财产权利、就业权利、政治权利等。并且，现行的征地补偿标准根据土地的原用途进行计算，补偿费用偏低，相对于被征地农民失去土地的成本是微不足道的，因此，仅采取货币补偿方式是不合理的，难以达到妥善安置农民的目的。

3.2.2 就业安置

就业安置是为失地农民重新提供就业机会，保障其收入来源的一种方式。但就目前形势看，由于失地农民的文化层次较低，缺乏专业技能，就业安置难度很大。现阶段，我国经济迅猛发展，就业形势严峻，技能型、知识型人才才是企业单位所需，劳动技能低下的失地农民无法满足技能需求，即使用人单位暂时解决了失地农民的就业问题，但一旦用人单位裁员，这些在激烈竞争中处于劣势的失地农民又将重新面临失业的风险。因此，对失地农民提供就业安置不是一蹴而就的，而是需要持续投入，应继续关注失地农民的未来发展，针对失地农民文化素质低和就业技能差的现实情况，积极组织各类职业培训，使其逐步适应工作岗位的需求。

3.2.3 留地安置

留地安置是指在建设用地规划范围内，从征收的土地中留出一定比例（10%左右）返还给征地所在村的集体经济组织，用于支持集体经济组织和村民发展第二、第三产业，从事非农性生产经营的一种安置方式。农村集体经济组织可以通过多种方式开发利用留置的建设用地，如一些经济实力较强的集体经济组织自主建设工厂、商铺、农贸市场等物业进行经营或出租；有的集体经济组织以留用地的经营权入股，采用与企业长期合作经营的方式，获取长期稳定收益；还有的村集体为村民建造安置房以满足村民安居乐业的需求。

留地安置有利于保障被征地农民长远生计，为被征地农民提供了可以产生长期收益的产业，让被征地农民分享到土地增值所带来的收益。当前，受多种因素制约，留地安置政策存在很多局限：第一，办理建设手续太烦琐，相关收费项目多，影响了生产经营的开展；第二，从事生产经营活动会有市场风险和盈亏风险，这意味着村集体经济组织需具备较强的经营能力，能够保证农民获得稳定收入，否则农民的长久生计也无法保证；第三，留地安置的适用范围有限，主要适用于城乡接合部或经济比较发达的地区，目前在经济欠发达地区或远离城市的农村地区很难发挥作用。

3.2.4 土地换社保

土地换社保模式即为被征地农民提供社会保障补偿，被征地农民失去了土地保障但换得了社会保障。土地换社保方式下的被征地农民被纳入专门的社会保障体系中，按月领取生活补助金保障基本生活水平。专项的被征地农民社保资金主要从两个方面筹集：一是从被征地农民的土地补偿费和安置补偿费中抽取一定比例；二是政府从土地出让收益中抽取一部分。筹集到的保险费直接列入劳动和社会保障部门设立的专户，对符合缴纳社会养老保险统筹费的被征地人员，将其列入养老保险专户，每月为不同年龄段的安置对象发放金额不等的补助金，达到退休年龄的，转为每月发放养老金。土地换社保模式是一种有益的模式创新，它从根本上解决了农民失去土地后基本收入无法保障的问题，很大程度上减少了因被征地农民的保障问题而产生的城市化阻力。征地前，农民的生活、就业和保障均以土地为依托。从某种意义上讲，农民丧失全部或部分土地是为了城市的发展，因此随着城市化规模的扩大，被征地农民应该一起分享城市化所带来的一系列成果，在市场经济下就表现为农民可以用土地换回他们生存、就业、发展和获得社会保障的实际社会安置成本。只有失地农民用土地换回了生存权、就业权、发展权和享受社会保障的权利，才能真正实现城乡一体化的发展。

相比货币补偿、留地补偿等方式，土地换社保既可以为农民提供持续稳定的保障，又有普遍适用性，应进一步推广和普及。目前我国的被征地农民社会保障仍处于初级阶段，存在覆盖面窄、补助标准低、保障体系不完善等问题。据统计，目前我国仅 5% 左右的被征地农民已纳入城镇社会保障体系（魏嫚等，2006），且这些农民主要集中在经济发达地区。随着城市化的继续推进，经济欠发达的中西部地区的被征地农民也将随之大量增加，应扩大社会保障体系的覆盖面，惠及经济欠发达地区的农民，并不断提高保障水平，切实保证被征地农民的生活水平不会下降。

3.2.5　土地入股分红

2004 年 11 月国土资源部发布《关于完善征地补偿安置制度的指导意见》，其中关于被征地农民安置补偿中明确提出"入股分红安置"，其指导性做法为："对有长期稳定收益的项目用地，在农户自愿的前提下，被征地农村集体经济组织可与用地单位协商以征地补偿安置费入股，或以经批准的土地使用权作价入股。按照合同约定，农村集体经济组织和农户将以优先股的方式获取收益。"这表示土地入股分红的方式已经得到了政策的支持，并鼓励在合适的项目中应用。实践中，"土地入股"有狭义和广义之分，严格意义上的做法是将集体建设用地使用权作价入股，广义的入股方式还包括以征地补偿费入股的形式。土地入股模式的大致流程为：（1）办理农用地转为建设用地的报批手续。(2) 由集体经济组织牵头，成立土地股份合作社或股份公司，组建股东代表大会、董事会、监事会"三会"管理制度。(3) 清产核资，界定股东，量化股权，制定利润分配方案。将集体所有的非承包地、集体建设用地按土地数量或征地补偿费折算为集体股，以户籍为依据确定股东资格，确认每户的持股数量。以土地使用权入股的，还需根据土地的面积、地段等综合因素折算成货币价值，量化折成股份。(4) 与用地单位合议确定合作细则，作价入股投入用地项目。(5) 股权管理和分红。股权实行集中管理、统一经营，不得转让、继承、赠送和抵押。年终，农民凭借拥有的股份获得盈余分红。

土地入股分红模式作为征地补偿方式改革的新生事物，与传统的安置补偿方式相比，优势表现在：第一，村集体经济组织的集体行动能力和谈判能力增强，打破了政府垄断建设用地供应的格局，村集体和农民可以分享土地增值收益，符合市场规律；第二，农民可以得到持续、长期的高额回报，基本生活来源得以保障；第三，将农民从农业生产中解放出来，推动当地第二、第三产业发展，加快城市化进程。但由于土地入股分红模式仍处于初步探索阶段，现行体制下相关的配套政策还不完善，因此实行该种模式还存在一些风险和难题，如土地所有权如何作价评估、如何保障经营项目的收益水平、如何规范股份公司的组织与运行等一系列问题，未来的政策研究应明确其适用的边界范围，规范操作程序，预防和控制相关风险。

3.3　我国土地征收的政策规定及效果评析

3.3.1　土地征收的相关政策规定

1. 农用地转为建设用地的规定

市场经济条件下，土地资源的配置遵循这样的规律：土地利用总是由使用效率低的部门向土地利用率高的部门流动，因此，在农村土地资源供给较为充足的条件下，多余的土地资源必然会流向利用率高的城市或集体建设用地使用。在此背景下，我国出台了农用地转为建设用地的使用规定。农用地转为建设用地分两种情况：一是国家根据公共利益或城市发展的需要，将集体所有的土地征为国有土地，用于道路、水利、教育等公共事业；二是乡村集体经济组织根据经济发展、农民住宅建设和公益事业的需要，将集体农用地转为集体建设用地。

上述第一种农用地转为国家建设用地的情况即是土地征收行为。这种征收行为是强制性的，被征收的土地所有权由集体转移到国家所有，农民不再拥有经营该土地的权利。农用地转为国家建设用地应办理严格的审批手续，基本流程为：（1）首先用地单位向国土、规划、建设部门咨询该农用地是否符合土地利用总计划、城市建设总体规划和土地利用年度计划；（2）用地单位编制建设项目可行性报告，向建设部门提交用地申请，并向同级国土资源局提出用地预审申请；（3）用地单位向建设部门、环保部门办理相关许可手续，并缴纳各项审批费用；（4）用地单位持审批文件，向原预审的国土资源局提出正式申请；（5）国土资源局根据土地利用计划，拟订征地和供地方案，报各级人民政府审批；（6）国土资源局对农用地进行征收，签订补偿安置协议，按相关程序办理征地手续。

第二种农用地转为集体建设用地的情况是指转用后的建设用地仍属集体所有性质，土地所有权仍属农民。农村集体因建设用地一般包括四种用途：乡镇企业用地、乡（镇）村公共基础设施、集体公益项目用地以及宅基地。农村集体使用乡（镇）土地利用总体规划确定的建设用地，涉及占用农用地的，必须依法办理农用地转用和建设项目用地审批手续。不同用途的农用地转用，其审批程序也是不同的，每种审批程序都有相关规定。

我国农用地向建设用地转化的规定，是对土地资源进行重新配置的过程，遵循一定的经济规律，顺应了市场经济的需求。没有土地资源的高效利用，就不可能促进社会生产力的发展，因此，征收、分配农地资源是社会经济发展的必然要求。但此项政策仍存在不合理的规定：首先，农用地转为国家建设用地时，只能通过强制征收将农用地转为国有化这一条途径，这项规定的最大缺陷是赋予了政府垄断地位，剥夺了广大农民的参与权与收益权，不符合资源最优化配置的经济原理和市场经济规律；其次，未对农村建设用地使用权进行详细规定，对集体建设用地的管理和监督不力，导致农村非法占地现象严重。由于农用地转为建设用地的制度存在不合理之处，导致实践中农村土地征占纠纷频频发生，已成为社会关注的焦点。

2. 耕地占补平衡政策

耕地占补平衡政策是一项专门的土地用途管制制度，目的是实行"占一补一"，保证我国的耕地总量不变。这项政策的实施应该说对保证我国的粮食安全，确保 18 亿亩耕地红线发挥了重要作用。在《中华人民共和国土地管理法》（1998 年修订版）中又称为占用耕地补偿制度，这项制度是坚守 18 亿亩耕地红线的重要举措。1997 年，中共中央、国务院发布的《关于进一步加强土地管理切实保护耕地的通知》首次提出"非农业建设确需占用耕地的，必须开发、复垦不少于所占面积且符合质量标准的耕地"。随后，1998 年修订的《中华人民共和国土地管理法》，正式规定"国家实行占用耕地补偿制度。非农业建设经批准占用耕地的，按照'占多少，垦多少'的原则，由占用耕地的单位负责开垦与所占用耕地的数量和质量相当的耕地"。这是耕地占补平衡的政策渊源。此后，国家陆续出台了多项耕地占补平衡的补充性、调整性政策，与此同时，地方政府也陆续出台了相关的地方性政策，耕地占补平衡政策体系逐步建立和完善。

耕地占补平衡是耕地总量动态平衡的子平衡。耕地总量动态平衡是指一定区域、一定时期内的耕地减少量与耕地增加量相抵，使耕地净增减趋于 0，耕地保有量基本不变的一种平衡状态。耕地减少分为建设占用（包括合法占用、违法占用）、生态退耕、人为撂荒或损毁、农业结构调整等去向。耕地增加分为农村土地整治（包括补充耕地项目、一般整治项目）、农业结构调整、违法用地治理、闲置土地复耕、毁损土地修复等来源。其中，耕地占补平衡是指耕地总量动态平衡中的特定去向与特定来源之间的平衡，即合法建设占用耕地与补充耕地项目增加耕地相平衡。耕地占补平衡包括五个基本原则：（1）占一补一。占用耕地面积与补充耕地面积相等，是耕地占补平衡政策的第一原则，旨在实现数量上的耕地占补平衡。（2）占优补优。占用耕地质量与补充耕地质量相当，也是耕地占补平衡政策的题中之意，旨在实现质量上的耕地占补平衡。（3）先补后占。从时间顺序上，先行完成补充耕地，通过验收、纳入补充耕地指标库，然后才能批准建设占用耕地。该原则旨在保障政策执行效率，杜绝了以往"先占后补""边占边补"存在的补充耕地落实进度滞缓的现象。（4）项目管理。实行项目管理是指补充耕地项目必须具备立项、规划设计和预算、工程招投标、工程监理、验收、决算等基本手续。该政策要点旨在保证补充耕地质量，杜绝早期存在的"图上画画、账上改改"根本没有实际投入使用的虚假补充耕地、重复补充耕地现象。目前在管理中根据土地类型不同，将补充耕地项目分为针对未利用地的土地开发项目、针对农用地的土地整理项目、针对建设用地的土地复垦项目三种类型。（5）省内平衡。《中华人民共和国土地管理法》规定，"个别省、直辖市确因土地后备资源匮乏，新增建设用地后，新开垦耕地的数量不足以补偿所占用耕地的数量的，必须报经国务院批准减免本行政区域内开垦耕地的数量，进行易地开垦"。2008年党的十七届三中全会做出《中共中央关于推进农村改革发展若干重大问题的决定》，规定"不得跨省区市进行占补平衡"，进一步明确了当前时期耕地占补平衡只能在省级行政区内落实。

为适应国土资源面临的新形势新要求，贯彻落实《中共中央国务院关于加强耕地保护和改进占补平衡的意见》有关精神，实现"明责任、算大账、差别化"的耕地占补平衡新方式，2017年12月，国土资源部印发《关于改进管理方式切实落实耕地占补平衡的通知》（以下简称《通知》），就改进政策措施，加强耕地占补平衡管理做出部署。一是转变补充耕地方式。按照生态文明建设要求，坚持绿色发展理念，将过去以开发为主补充耕地调整为以土地整治建设高标准农田为主补充耕地，严格控制成片未利用地开发，切实保护生态环境。二是"补改结合"落实耕地占补平衡。从资源实际情况出发，允许各地以补充耕地和提质改造现有耕地相结合的方式即"补改结合"方式落实耕地占补平衡，实现耕地占一补一、占优补优、占水田补水田。这次《通知》将"补改结合"应用范围从单独选址建设项目用地进一步扩大到城市、村庄和集镇建设用地，有效解决了地方的实际困难。三是拓宽补充耕地途径"算大账"。除耕地开垦费外，允许新增建设用地土地有偿使用费、其他财政资金、社会资金等投入产生的耕地，增减挂钩、土地复垦产生的耕地，相关部门实施高标准农田建设产生的耕地等，均可用于占补平衡。四是建立三类指标储备核销制。改变以往建设用地项目与补充耕地项目"一对多""多对一"的挂钩做法，以县（市、区）为单位，建立补充耕地数量、产能、水田三类指标储备库，具体建设用地报批时按占补平衡要求从储备库中分类分别核销。在强化县（市、区）政府责任的同时，更有利于实现耕地占一补一、占优补优、占水田补水田。五是进一步落实"明责任"。要求各地合理制定差别化的耕地开垦费标准，重点提高占用优质耕地的成本，强化建设单位法定义务。以区域为单位进行耕地占补平衡考核，督促地方政府落实补充耕地任务。六是采取"差别化"管理方式。要求省级国土资源主管部门建立补充耕地指标调剂平台，因地制宜统筹指标调剂行为。可区分情况明确调剂政策，对于重点建设项目限定指标调剂价格、优先予以保障，其他建设项目采取竞价方式调剂补充耕地指标；也可采取统一限价交易或市场交易方式，进行补充耕地指标调剂，发挥市场对资源的配置作用，加大对资源保护地区的经济补偿。

3. 城乡建设用地增减挂钩政策

随着农村产业化、城镇化和现代化的加速推进，一些城镇化发展较快的地区对建设用地的需求也越来越大，部分地区的当期建设用地规模已经将下轮规划期的建设用地指标全部用完。同时，农村建设用地粗放利用，农民住宅多、小、散，荒地、废弃地、未利用地较多。从20世纪90年代后期开始，一些地方相继采取建设用地置换、周转和土地整理折抵等办法，盘活城乡存量建设用地，解决城镇和工业园区建设用地不足问题。为了引导城乡建设集中、集约用地，解决小城镇发展用地指标问题，2000年6月《中共中央国务院关于促进小城镇健康发展的若干意见》提出，"对以迁村并点和土地整理等方式进行小城镇建设的，可在建设用地计划中予以适当支持""要严格限制分散建房的宅基地审批，鼓励农民进镇购房或按规划集中建房，节约的宅基地可用于小城镇建设用地"。2004年，国务院提出城镇建设用地增加要与农村建设用地减少相挂钩，即城乡建设用地增减挂钩政策。随后，2005年国土资源部研究制定了《关于规范城镇建设用地增加与农村建设用地减少相挂钩试点工作的意见》以及《关于天津等五省（市）城镇建设用地增加与农村建设用地减少相挂钩第一批试点的批复》，并在天津等五个省市展开了第一批"挂钩"试点工作。

城乡建设用地增减挂钩政策是国家推出的促进城乡统筹发展、破解耕地保护与建设用地指标保障两难困境的一项独创性管理措施。增减挂钩政策首先将拟整理复垦为耕地的农村建设用地（拆旧地块）和拟用于新建设的耕地（建新地块）共同组成建新拆旧项目区，然后重新规划项目区内的用地布局，对利用不合理的、废弃闲置的村庄建设用地进行调整。将农村建设用地整理增加的耕地面积等量核定为城镇建设可以占用的耕地指标。最终通过城乡建设用地的一增一减，实现项目区内耕地面积不减少、建设用地总量不增加、城乡用地布局更合理的目标。

增减挂钩政策以改善农村生产和生活条件为目标，以优化用地结构和节约集约用地为重点，以保护耕地、保障权益为出发点和落脚点，试点地区必须经过国土资源部批准，有计划地稳步推进。具体的实施办法：依据土地利用总体规划、农村建设用地整理规划和项目区规划等，对项目区内村庄撤并和用地布局进行调整，对利用不合理、不充分和废弃闲置的村庄建设用地进行调整利用，并将建设用地整理增加的耕地面积等量核定为建设占用耕地指标，用于农村居民点和城镇建设。增减挂钩政策需坚持两个原则：一是坚持控制周转指标规模。按照土地利用总体规划，控制好用地整理规模和节奏，避免假借农村土地整理之名过快扩张城镇建设用地规模。二是坚持行政区和项目区分开考核。考核时，行政区和项目区的用地规模均必须在规定的挂钩周转指标范围内，周转指标必须专用于项目区内建新的规模，不得挪作他用，要确保项目区内拆旧面积大于建新面积，复垦耕地大于占用耕地。

城乡建设用地增减挂钩政策是对土地征收政策的有效补充，土地征收将大量的农用地转为建设用地，农村服务城市，加快城镇化进程；而挂钩政策则是统筹城乡发展，工业反哺农业、城市支持农村，通过优化城乡用地的结构和布局，促进建设用地的节约和集约利用，使建设用地出让分配收益开始向农村倾斜。然而，实践中由于缺乏科学的理论支撑，导致挂钩政策在试点过程中出现了政策与执行的错位，出现借挂钩之机变相随意扩展大城市规模、侵占城市周边的大量耕地，强制拆迁农民住宅等问题，造成了不良影响。土地增减挂钩不能仅仅满足于数量挂钩，质量挂钩更重要，应严格控制大城市规模，适度发展中等城市规模，鼓励发展中小型田园城镇。为协调好城市建设与农业产业布局、农民权益之间的关系，应合理规划挂钩项目的选址，并建立科学完善的置换补偿机制与保障体系。

3.3.2　现行征地政策的效果及问题

1. 加快推进城镇化发展

我国的土地征收为城镇化提供了必需的发展空间，极大推动了城镇化进程，城市规模不断扩大，城镇化率快速提高。改革开放以来，我国城镇化率年均提高 1.02 个百分点；尤其是 2000 年以来，城镇化率更是达到了年均提高 1.36 个百分点；2012 年我国城镇化率达到 52.57%，已基本看齐世界平均水平。同时，城镇人口不断增加，城市数量和规模不断扩大，城市群形态更加明显。1978～2013 年，城镇常住人口从 1.7 亿人增加到 7.3 亿人，城市数量从 193 个增加到 658 个，建制镇数量从 2173 个增加到 20113 个，特别是京津冀、长江三角洲、珠江三角洲三大城市群以 2.8% 的国土面积集聚了 18% 的城市人口，创造了 36% 的国内生产总值。城镇化的快速推进，提高了城乡之间生产要素配置效率，成为我国经济增长的新引擎。据国家统计局数据显示，2001～2011 年的 10 年间，我国城镇化率每提高 1 个百分点，可拉动投资增长 3.7 个百分点，促进消费增长 1.8 个百分点。城镇化的过程是农民从农业向非农产业转移就业的过程，换言之，城镇化的核心是农民转移就业、农民转变身份。据公安部统计，2010～2012 年，全国农业人口落户城镇的数量为 2505 万人，平均每年新增 835 万人。专家预测，未来 10 年我国新增城镇人口将达 4 亿人左右，这就意味着会有更多的农民享受到城镇化发展的成果。由此可见，土地征收为城镇化拓宽了发展空间，大大推动了城镇化发展，从而也推动了社会结构的深刻变革，促进了城乡居民生活水平全面提升。

2. 农民权益保障效果不理想

土地征收在推动城镇化快速发展的同时，也引发了一些亟待解决的问题。我国的土地征收制度和补偿政策形成于计划经济时期，经历了近70年的演变、五个阶段的调整，虽然每次调整对征地补偿政策都有很大完善，但目前被征地农民的权益仍然受到损害，主要表现在以下三个方面。

（1）征地补偿标准过低。土地征收的实质是一种强制买断的行为，政府利用强势地位获得土地所有权并单方面制定补偿标准，被征地农民只能被动接受。事实上，无论由谁定价，土地自身的价值不应贬低，应当按照市场经济的要求，根据价值规律，以市场价格公平交易。但依据《中华人民共和国土地管理法》，征收土地按照土地原用途给予补偿，这种补偿依据显然是沿用计划经济时期的做法，征收的土地由农业用途改作其他用途后，其价值十几倍、几十倍甚至上百倍地增加，仍然依据原用途计算补偿，显然是不科学、不合理的，农民没有享受到土地的增值收益。地方政府从农民手中低价征得土地后，通过招标、拍卖或挂牌等形式高价出让给用地单位，其中的巨额增值收益为地方政府所有，政府成为最大受益者，出现了所谓的"土地财政""卖地财政"。农民作为土地征收过程中的重要参与者，在整个过程中完全处于被动和不平等的地位，无法以独立权利主体的身份参与制订土地征收及补偿的方案，无权分享土地增值后的利益分配，只能获得微乎其微的补偿款。浙江省一项调查表明，土地资本在征收过程中所产生的巨额增值收益，大部分被中间商或地方政府所获取，农民分得的收益仅占5%～10%（孙永军，2007）。这种补偿制度设计，严重损害了农民的财产权、收益权、发展权等一系列权益。

（2）安置补偿方式不完善。虽然各地在实践过程中因地制宜地创新出一些模式，但就目前情况来看，绝大多数地区还是只使用单一的货币补偿，其他方式很少采用。留地安置，从形式上看，被征地农民可以依靠集体经济组织获得保障，但现实中，村集体经营的产业往往受资金、技术的限制，不能很好地长期发展，农民的基本收入来源难以得到持续性保障；就业安置，在短时间内用地单位可暂时吸纳被征地农民就业，但由于农民的文化程度较低，缺乏专业技能，在激烈的工作竞争中容易被淘汰；而土地入股分红模式适用于经济发达地区有长期稳定收益的项目，能满足此条件的很少，且配套的政策法规还不完善，实践中难以操作；土地换社保方式，就目前的实施情况来看，也存在保障体系不完善、覆盖面窄、保障水平低等问题。此外，各地探索建立的被征地农民社会保障呈现出多种方式并存的局面，尚未形成统一体系。而这多种模式并存的复杂格局，又必然导致政策设计上的多样性。虽然目前来看，多种方式适应我国地域广阔、地区间经济发展水平差异性大的特点，但从长期来看，这不仅不利于被征地农民社会保障政策的统一规范化建设，也不利于城乡统筹发展。在保障水平上，大部分地区被征地农民的社会保障政策以基本生活补助或养老金等经济性保障为主，且参照城市或农村最低生活保障标准。但在我国，土地对于农民不仅是重要的生产资料，农民的诸多权利都依附于土地，如财产权、就业权和政治权等，政府在通过社会保障手段来补偿被征地农民的损失时，不应局限于基本生活保障等经济方面，还应包括医疗、就业和教育等多方面的补偿。

（3）农民的利益诉求无法表达。各级地方政府在整个土地征地过程中，既当裁判员，又当运动员，与被征地者处于完全不平等的地位。《中华人民共和国土地管理法》明确要求保障被征地农民的参与权与知情权，实行信息公开制度。但实际情况中的"两公告一登记"制度只相当于征地方案的告知，并没有赋予农民对征地行为的质疑权。虽然规定政府应充分听取农民意见，但农民只能对获得补偿的面积等提出疑义，对于补偿安置方案无权提出意见。即使设定听证程序，也多流于形式，农民无法表达真实的意见（王林涛，2009）。这明显限制了被征地农民因补偿问题寻求法律救助的渠道，导致了近年来涉地上访案件不断增多，成为影响农村和谐的不稳定因素。

3. 建设用地利用效率有待提高

由于推进城镇化、建设开发区和工业园区，我国从20世纪80年代开始兴起了大规模的土地征收。一是征收大量耕地转为建设用地。虽然我国并没有公布相关数据，但我们仍然能从零散的数据和资料中窥探出我国耕地征收面积呈快速增长趋势。1986～1996年，全国31个特大城市主城区建设用地面积平均每年增长50.2%，1991～1996年我国建设用地总量年均增长47.31万公顷；1997～2005年，建设用地总量年均增长30.47万公顷

（曲福田，2001）；另据历年中国国土资源公报显示，1987～2001年，全国非农建设占用耕地3394.6万亩，其中70%以上的建设用地通过征收耕地取得。截至2004年底，全国开发区占地3.54万平方公里以上，已经超过现有城市建设用地总量；2003～2006年，每年实际新增建设用地规模基本控制在600万亩左右，2007年降到568.4万亩，2008年再次降为548.2万亩。但2009年以来征地面积又有所上升，呈现迅速扩张趋势，而新增的建设用地中很大一部分都来自耕地（刘祥琪，2010）。

二是征收的耕地大量闲置或非法使用。一些地方财政过度依赖土地出让收入和土地抵押融资，加剧了土地粗放利用，浪费了大量耕地资源，威胁到国家粮食安全和生态安全。特别是兴建开发区、工业园区和企业圈占，耕地征收后闲置，其中相当比例的征地属于未批先用、非法占用。此外，还有名义上是发展现代农业，实际上绕开土地法律法规从事非农建设的案例。例如，2009年北京绿波廊农业观光园占用土地数十亩进行农业观光园项目建设，却同时在集体土地上建设别墅式建筑，希望借此牟取非法收益。

三是征收后的土地用于公益用途占比极低。从征地用途来看，虽然我国法律明确规定国家只有基于公共利益需要才可以征收农村土地，但相关法律政策并没有对"公共利益"的范围做出明确界定，实践中缺乏可操作标准。实际上，城镇化进程中，土地征收目前主要被用于营利性建设用途，如工业建设、农村非农业经营场所建设等，用于公益性建设用途的占比非常低。据2011年对甘肃省四个市的一项调查显示，4037.8亩征收的土地中，工业建设用地2042.2亩，占征收土地总面积的51%；农村旅游业经营场所建设用地1909亩，占47%；教育用地86亩，占2%。另外，从农村集体土地征收利用的主体看，涉农企业占半数，使用土地面积为2128.8亩，占土地征收总面积的53%；非农企业使用面积1909亩，占47%。

3.4 本章小结

本章主要介绍了我国土地征收补偿制度的发展历史、现行政策以及效果评析。首先，对中华人民共和国成立以来土地征收补偿制度的演变历程进行了梳理和归纳，按照时间演进顺序，将其划分为六个阶段：萌芽起步时期（1949～1957年）、调整与停滞时期（1958～1981年）、深化改革时期（1982～1997年）、继续推进时期（1998～2003年）、不断修订时期（2004～2010年）以及严格管制时期（2011年至今），对各个时期的法律政策、主要特征进行评述。其次，总结各地实践探索中的五种安置补偿方式：货币补偿、就业安置、留地安置、土地换社保模式和土地入股分红模式，并概括每种方式的主要做法、适用条件以及存在的问题。在此基础上，最后阐述我国现行土地征收的法律规定、专项政策，并剖析其产生的效果及存在的问题，指出土地征收在加速推进我国城镇化进程的同时，也存在农民权益保障效果不理想和建设用地利用效率有待提高的问题。

第 4 章

土地征收补偿满意度的
测量结构与描述性分析

4.1 满意度测量的理论模型

满意度是心理学也是管理学研究领域的一项重要心理指标，核心是 perception，即感受，用于评价行为主体的期望是否与实际情况相符合。将满意度应用于土地征收补偿，可以定义为实际对被征地农民的补偿水平与农户期望水平的比较，即如果农户实际获得的补偿高于农户所期望的水平，就表示满意度较高；相反，如果农户实际获得的补偿低于农户所期望的水平，就表示满意度较低（钟水映和李魁，2008）。

对于测量满意度方法和模型的研究很多，最先广泛采用的是一维方式的明尼苏达（Minnesota）满意度问卷（Weiss et al.，1967）和工作满意度指数（Smith et al.，1969），之后多维模型逐渐流行（Dyer and Theriault，1976；Lawler，1971）。赫尼曼（Heneman，1985）认为，研究理论上的补偿满意度和实际测量的补偿满意度都会帮助研究人员理解满意度的原因和结果。因此，他与施瓦布（Schwab）设计了薪酬满意度问卷（Pay Satisfaction Questionnaire，PSQ），用于从多个维度测量满意度。随后的一些学者对 PSQ 进行多次验证，证明了 PSQ 的正确性和可靠性（Judge and Wellbourne，1994；Mulvey et al.，1991）。之后，更多的学者利用 PSQ 问卷进行满意度调查，并对 PSQ 的维度不断进行补充和完善（Ash et al.，1990；Carrraher，

1991；Carrraher and Scarpello，1993；Orpen and Bonnici，1987；Scarpello et al.，1988）。

国内对于满意度测量的研究涉及很多行业领域，从企业内部普遍应用的员工薪酬满意度评价（刘凤瑜和张金成，2004；贺伟和龙立荣，2011），延伸到具体的各个行业，如服务业、旅游业和房地产行业等，都对如何评价顾客满意度以及影响满意度的因素进行了深入研究（吴炜等，2010；杨春松等，2014；王凯等，2011；俞万源等，2013；李平等，2007）。近年来，对"三农"产品、服务和政策的农民满意度研究也不少，如农民医疗保险、农村养老保险、农村公共品供给和惠农政策实施绩效，以及对失地农民的生活、就业满意度等方面的研究。肖亮（2012）利用因子分析法对湖北省三个地区的调查数据进行回归分析，将农民对农村公共品供给满意度的影响因素划分为五类，并通过基本的线性回归对五类影响因素进行了实证分析，得出社会保障是主要影响因素。方凯和王厚俊（2012）设计了物质性和精神性农村公共品两个层面的农民满意度评价量表，评价了湖北省农民对农村公共品的满意程度，研究表明农民对农村公共品满意度总体上偏低，物质性公共物品供给不足成为影响农民满意度的主要因素。段春阳等（2011）以辽宁省4个县的农民为对象，采用概率单位模型（多元有序概率模型）对影响农户新型农村合作医疗满意度的因素进行实证分析，得出医疗报销比例、封顶线等给付水平是主要影响因素。王良健和罗凤（2010）基于农民满意度，针对中央出台的惠农支农政策的实施效果进行实证评估，通过对我国粮食主产区部门省份进行抽样问卷调查，利用 ACSI 模型分析得出我国现阶段惠农政策实施绩效农民满意度处于中等偏低水平。王晓刚和陈浩（2014）利用概率选择模型，对武汉市江夏区失地农民的就业质量进行评价，提出货币补偿安置和土地换社保模式均存在弊端，解决农民就业才是为失地农民提供最好的保障。陈占锋（2013）采用结构方程研究方法对城乡接合部失地农民生活满意度进行了分析，得出影响失地农民今后的经济收入、现有工作、社会保障、消费支出和生活环境等是失地农民关心的问题，也是影响失地农民满意度的重要因素。这些丰富的研究对满意度概念及满意度测量有了中国农村特色的延伸和推进，这些领域满意度的研究思想、研究方法、测量维度和变量选取对本研究有重要的启示。

　　农村征地补偿纠纷是近年来数量上升最快的一类纠纷，征地补偿问题也越来越成为政府和社会关注的焦点。现行的农村征地补偿政策完全出于政府的单方面决策，农民无权直接参与，政策制定时没有充分考虑作为土地出让方的农民的意愿，漠视农民权益，最终导致征地问题突出。因此，一些学者从农民的角度出发，对农民征地补偿的不满意因素进行了研究。钟水映和李魁（2008）从被征地拆迁的农户视角出发，实证分析了补偿水平和拆迁安置方式，发现农民满意度受征地拆迁补偿水平的影响最大。成程和陈利根（2014）研究了程序公正、货币补偿对集中居住农民满意度的影响，通过 Logit 模型对南京市 261 份调查数据进行回归检验，发现在引入公正的征地程序条件下，增加货币补偿数额能够提高集中居住农民的满意度。陈莹等（2009）基于湖北省 543 户农户问卷和 83 个征收案例的实证分析表明，公益性与非公益性土地征收补偿对农民的满意度有差异性影响。林乐芬和金媛（2012）利用江苏省镇江市 1703 户被征地农户的问卷调查数据进行回归分析，提出征地补偿政策的滞后或偏离、农户家庭特征、被征地地区的经济发展水平和被征地地块的特征因素，都会影响被征地农民的受偿满意程度。叶剑平等（2010）统计 17 省 1773 户农户对征地补偿不满意因素做出的多项选择，68.6% 的农民选择了"补偿太低"，48.7% 选择了"未征求农民意见"，34.0% 选择了"政府截留或滥用补偿款"，26.0% 选择了"失地后丧失工作机会和收入来源"，25.7% 选择了"土地的价格远高于征地补偿费"。罗文春（2011）利用 Logit 回归模型对土地征收补偿进行实证分析，结果表明影响农民被征地意愿的因素有：土地征收补偿标准、家庭结构、非农产业收入、土地被征后的收入预期、生活水平变化预期以及就业预期等。王心良（2011）搜集了以征地补偿矛盾为主要研究内容的 44 篇文献，统计得出征地补偿标准、征地补偿模式、征地补偿分配、征地补偿程序、征地范围以及征地目的是研究中普遍认为会对农民满意度产生影响的因素。

　　土地对于农民具有重大的意义，其不仅是重要的生产投入要素，更是一种保障生存的手段。因此，农民对征地补偿的评价是在多种因素综合影响下考虑的结果，在设计回归模型的测量指标时也应该从多方面梳理。本书在上述研究成果的基础上，综合了影响征地补偿满意度的外部因素和内部因素，提出被征地农民对征地补偿满意度的主要构成维度有五个方面：农户个人和家庭基本特征、农户耕地承包经营情况、农户土地征收情况、被征土地补偿情况以及其他因素（经济因素、时间因素等）。

4.2 调研设计与数据收集

4.2.1 问卷设计

问卷分为农户调查问卷和村级调查问卷。关于农户问卷，基于上述国内外关于满意度的相关研究成果，课题组设计了农村土地征收与农民权益调查问卷初稿。接下来，对问卷初稿进行前测，即通过对小样本目标人群的访谈，反复听取反馈意见，修正问卷中语义表达不清、用词晦涩难懂等不恰当的地方，使问卷的编排与逻辑符合农民的思维习惯，并尽量使用浅显易懂的文字撰写调查问卷，让文化层次不高的农民也能够理解问卷并准确地提供相关信息。最后，综合预调研结果再对问卷进行小调整，确保问卷科学性、可行性和客观性，能全面反映农民的真实想法，收集到真实有效的信息。在此基础上，将最终形成的问卷投入大样本调查中。经过反复修正后的问卷，主要包括以下四方面内容：

一是农户家庭基本信息。包括被调查者的姓名、性别、年龄、文化程度、家庭过去三年的人口数、劳动力个数、外出打工劳动力个数、家庭年总收入、农业收入所占比重等内容。

二是农户家庭拥有的耕地资源信息。包括农户家庭现有实际经营的耕地面积、地块数、其中从他处转入经营的耕地面积、转出给他人经营的耕地面积、目前经营的耕地种植的作物、作物的年收益（净收益）、被征占的耕地之前种植的作物以及年收益等内容。

三是耕地征收情况。包括最近一次被征地时间、被征地占耕地的面积、主要用途、征占方式、是否获得相应补偿，以及土地在家庭中起到最主要的作用、土地征收后家庭的收入变化等内容。

四是被征土地受偿情况。包括土地征收补偿的方式、现金补偿的标准、实物补偿的标准、补偿的期限、补偿是否出现拖欠、征地和补偿引起的土地纠纷，以及被调查者对土地征收的主观评价，如对土地征收的态度如何、对征地补偿的满意程度、对征收之后土地的利用情况是否满意等内容。

村级调查问卷设计主要包括三部分内容：一是本村基本信息的调查，包括本村现有耕地面积、人口数、外出务工人口数、农民人均纯收入、农业收入、农户数、只务农的农户数、完全不务农的农户数、自营工商业的农户数和本村距县城的距离；二是本村历年征地补偿情况的调查，包括本村已经征收的土地面积、规划中即将征收的土地面积、被征收土地的类型、征收土地的方式、给予补偿的方式、征收后的土地用途、每亩土地补偿的标准、补偿包括的费用种类，以及补偿金如何管理；三是关于征地及补偿情况的主观性问题，包括本村征地补偿标准调整的依据、现有补偿标准的评价、对征收农村土地的态度，以及改善征收补偿的建议。村问卷由村干部根据历年登记在案的统计数据进行填写，准确性较高，对农户问卷起到修正、补充的作用。通过对农户和村的调查，可以全面反映征地补偿的数据资料和农民的评价情况，为统计分析和计量分析提供依据。

4.2.2　样本选择

本研究的调查样本选择主要基于两方面考虑，即在保证样本数据具有代表性的同时，通过调研不同地区的土地征收补偿情况来归纳概括全国的情况。最终选择江苏、吉林和四川三省为样本省份，分别代表经济水平处于不同发展阶段的东、中、西部地区；进一步，再从三个省内分别选取三个县，每个县选取两个村，每个村随机抽取 25 户农民进行入户调研。其中，样本县的选取既考虑了土地征收因素和经济发展水平，又考虑了空间位置特征；样本村的选取则更强调按照其距离县城的远近分类，分为近郊村、中郊村和远郊村三个层次：具体地以距离县城中心城区 0～10 千米的为近郊村，10～20 千米的为中郊村，20 千米以上的为远郊村。本研究从近郊村和远郊村中各随机选取一个样本村，以便于比较与县城距离的远近对土地征占的影响。

4.2.3 问卷收集

（1）问卷发放。2013年6~9月，本课题组开展了全国范围内针对农村土地征占补偿的农户抽样调查。由于农民的文化层次普遍较低，尤其是经济欠发达地区的农民和留守农民对于问卷的内容不能很好地理解，再加上地区方言等原因，调研组所挑选的调查员均来自样本县周边大学的大学生，都能用方言与当地农民进行沟通交流。经过面试、筛选、培训、试访等环节培训出来的调查员，熟悉问卷内容，掌握调查技巧，能保证问卷质量。调查由调查员挨家挨户进行入户询问，根据农民的口头回答填写问卷，并对整份问卷的真实性、逻辑性进行现场核实。

（2）样本对象。随机抽样的对象为样本村的所有农户，包括曾经发生过土地被征收的农户和未曾发生过土地征收的农户。对于被调查者的身份，可以是户籍在村的农民，也可以是农转非后户籍已迁出农村的农民，但要求其户籍曾经在本村停留的时间超过一年以上，现在拥有或曾经拥有承包经营权的土地，并且年龄满18周岁。

（3）问卷收集。所有样本地区的调查问卷均采取现场发放、当场收回。本调研计划收集问卷数量450份，但由于随机抽取农户导致的一些不确定因素，如部分村庄外出打工人口较多、留守人口较少等原因，最终发放与收回问卷410份。经清理筛选后获得有效问卷394份，问卷有效率达96.1%。其中，江苏省126份，吉林省143份，四川省125份。而在394份有效问卷中，涉及土地征占的问卷有110份，其中，江苏省64份，吉林省21份，四川省25份。具体分布情况见表4-1。

表4-1　　　　　　　　　　按县域的调查样本分布

省份	市	区（县）	乡镇	村	数量（份）
江苏	扬州	邗江区	公道镇	三界	23
			杨庙镇	新杨	29
	镇江	丹徒区	世业镇	先锋	21
			谷阳镇	槐荫	20
	徐州	铜山区	棠张镇	学庄	17
				跃进	16

续表

省份	市	区（县）	乡镇	村	数量（份）
吉林	长春	九台区	龙嘉镇	龙家堡	19
			苇子沟镇	梨树	31
		绿园区	合心镇	新农家	22
				东安	20
		梅河口市	进化镇	三合	29
			海龙镇	春光	22
四川	绵阳	三台县	观桥镇	湘江	23
			中新镇	高新	24
	资阳	安岳县	团结乡	龙眼	19
			石桥乡	烽火	23
	遂宁	船山区	永兴乡	磨盘山	13
				元宝	23

资料来源：根据调研数据整理。

4.2.4　数据质量评估

问卷数据的初步评估是采用信度和效度检验。信度（reliability），又称可靠性，是指同一个试验反复测试多次，所得结果保持一致的程度。本研究采用 Cronbach's Alpha 信度系数，取值区间在（0，1），此系数由 Cronbach 在 1951 年提出，信度系数越大，表示测量的可信程度越大。表 4 - 2 显示利用 SPSS 17.0 对 21 个问卷题目进行信度分析，得出 Cronbach's Alpha 计算结果为 0.761，这说明问卷的可信度可以接受。

表 4 - 2　　　　　　　　　　　　　信度检验

Cronbach's Alpha	基于标准化项的 Cronbach's Alpha	项数
0.220	0.761	21

资料来源：SPSS 17.0 运行结果。

效度（validity），即正确性程度，是指测验的有效程度或正确性，效度越高，表示测量结果越能显示出所要测量的对象的特征。效度检验分为内容效度（content validity）检验和结构效度（construct validity）检验两种类型。内容效度又称为逻辑效度或表面效度，是指测验目的代表所欲测量的内容和引起预期反应所达到的程度。这是设计问卷之初重点考虑的问题。结构效度又称构想效度，测验对某一理论概念或心理特质测量的程度，即测验对所需测量的结构或心理特质实际测量的程度。结构效度分析所采用的方法为因子分析法，一般通过探索性因子分析来对假设模型的构建效度进行检验。并通过 KMO 样本测度（Kaiser - Meyer - Olykin measure of sampling adequaey）以及 Bartlett 球体检验（Bartlett test of spherieity）来判断是否可以进行因子分析。一般认为，KMO 在 0.7 ~ 0.8 适合；0.8 ~ 0.9 很适合；0.9 以上非常适合（马庆国，2002）。当 Bartlett 球体检验统计值的显著性概率小于或等于显著性水平时，比较适合做因子分析。本研究将被调查者对问卷中有关满意程度的主观性问题进行 KMO 抽样合适度的检验，以及 Bartlett 球体检验进行衡量，得到 KMO 值为 0.729，Bartlett 球体检验 P < 0.01，在 1% 的显著性水平下显著，表明可进行因子分析，即通过效度检验。具体结果见表 4 - 3。

表4 - 3   KMO 测度和 Bartlett 检验

取样足够度的 Kaiser - Meyer - Olkin 测度	Bartlett 球体检验		
	近似卡方	df	Sig.
0.858	3219.389	91	0.000

资料来源：SPSS 17.0 运行结果。

4.3 样本区征地补偿情况的描述性分析

4.3.1 农户的基本特征

由表 4 - 4 可知，在 394 个样本农户中，受访人员平均年龄为 54.62 周岁，这间接反映了当前农村土地经营者老龄化的趋势。在各省样本中，受访者年龄以四川省最高，为 56.04 周岁，这可能是因为四川省与其他两省相比，劳动输出较大，大量年轻劳动力转移出去后留守在农村耕地的农户年龄普遍偏高。从平均年龄来看，受访者大多出生于 20 世纪 60 年代初，受当时教育水平普遍落后影响，他们的受教育年限平均为 7 年，即平均教育水平介于小学和初中之间。劳动力外出打工方面，样本地区平均家庭外出打工劳动力人数为 1.2 人，其中四川省最多，吉林省较少，这也验证了之前分析的四川省受访者年龄最高的原因。耕地承包经营方面，从事农业经营对吉林省农民更为重要，数据表明，吉林省农户的农业收入占总收入比重和户均耕地面积分别达到 59.87% 和 13.49 亩，远远超出其他两个省。耕地地块数量方面，数据表明，三省平均耕地块数为 5.04 块，土地细碎化程度较为严重，其中四川省最多，户均达到了 8.11 块，这可能与样本户多处于山区有关。此外，上述样本农户特征与三省总体实际情况相符，并且根据农业部典型调查，2003 年我国农户户均经营耕地面积为 7.52 亩，户均经营土地块数为 5.72 块（康雄华，2006），与本研究的调研数据差别不大，表明本研究所用样本具有一定的代表性。

表 4 - 4 　　　　　　　　　农户主要家庭特征平均值

省份	户数（家）	年龄（岁）	教育（年）	劳动力数（人）	外出劳动力数（人）	农业收入比重（%）	户均耕地面积（亩）	户均耕地（块）
江苏	126	55.22	7.47	3.2	1.26	19.40	4.54	3.40
吉林	143	52.81	8.31	2.1	1.00	59.87	13.49	3.80
四川	125	56.04	6.69	2.6	1.36	35.01	3.85	8.11
平均	—	54.62	7.03	2.6	1.20	38.90	7.53	5.04

资料来源：根据调研数据整理。

4.3.2　征地补偿的主要特征

1. 土地征收的发生率

过去几年，随着城镇化的快速发展，农村土地非农化利用已处于较高水平，由此引起的农村土地征收现象已越来越普遍。由表 4 - 5 可知，三个样本省的 394 份有效样本中，曾经发生过土地征收的农户有 110 户，即土地征收的平均发生率为 27.9%，这表明，有 1/4 的农户曾经历过土地征收。同时，如此高的发生率也表明，土地征收现象在农村不再是陌生的事情，每四个农户中至少有一户的农地涉及征收转作非农用途利用。

表 4－5　　　　　　　　　　涉及土地征收的农户分布

省份	问卷总数 （份）	所占比例 （%）	涉及土地征占问卷数 （份）	所占比例 （%）	土地征占纠纷发生率 （%）
江苏	126	32.0	64	58.2	16.39
吉林	143	36.3	21	19.1	27.27
四川	125	31.7	25	22.7	8.70
总体	394	100	110	27.9	16.98

资料来源：根据调研数据整理。

2. 土地征收的区域差异

在很多时候，土地征收可以看作城市在空间上向周围拓展的过程，在一定程度上能够反映当地的城镇化和经济发展水平，因而具有区域性。一般而言，城镇化和经济发展水平越高的地区，可能土地征收发生率就越高。据调研数据计算，城镇化和经济发展水平最高的江苏省的土地征收发生率为 50.79%，比吉林和四川两省之和还要高。但是，中部地区的吉林省的这一比率（14.69%）要比西部的四川省（20.00%）略低，这可能是因为吉林省是粮食主产区，农业收入在家庭总收入中所占比重较高，相比而言更加重视耕地，耕地占用的情况较少。此外，抽样过程也会带来一定的偏差，并不能完全体现经济因素对土地征收的影响。但总体上看，东部地区的土地征收发生率明显高于中西部地区。

土地征收与经济发展水平相关的另一项佐证是，其发生率与距离县城远近之间的关系。在未发生土地征收的样本中绝大部分农户都集中在距县城 5 千米以外的区域。同时，按照是否发生征地将样本分为两组，对它们距县城的距离进行均值比较 t 检验发现，发生征地组中距离县城 5 千米以内农户的比例要显著高于未发生征地组（见表 4－6）。这表明，距离城市较近地区更容易发生土地征收，可能的原因为距离县城较近地区经济发展水平相对较高，城市扩张表现得越为明显，土地收益也随之上涨，更有可能发生土地征收，从而成为征地的高发区。

表 4 - 6　　　　　　土地征收与县城距离 t 检验

组别	距县城＞5 千米	距县城≤5 千米	≤5 千米比重	标准误	t 值
未发生征地组	63	21	0.25	0.0475	-2.3093
发生征地组	11	11	0.5	0.1091	

资料来源：根据调查数据整理。

3. 土地征收或补偿引发的纠纷情况

　　理论上，在土地征收过程中，土地权属、土地性质以及土地收益等各方面均会发生根本性变化，这必然涉及各利益相关方收益的再分配，极容易引发纠纷，而实际情况也确实如此。表 4 - 5 也统计了土地征收过程中发生纠纷的概率。可以看出，三个样本省的平均纠纷发生率为 16.98%，这意味着在发生土地征收的样本户中，近 1/5 的农户因征收土地而发生纠纷。具体到各省的情况，吉林省的纠纷发生率最高，为 27.27%；四川省最低，为 8.70%；江苏省发生率接近平均水平，为 16.39%。分析各省存在较大差异的原因可能是，吉林省作为农业大省，其农民家庭收入依赖农业生产，较为重视土地经营，当与土地有关的问题发生时，农民定会锱铢必较，较易形成纠纷。而四川省户均耕地面积小且分散，甚至许多农民外出打工，一些土地处于抛荒状态，即使发生土地征收，也不足以引起明显的纠纷矛盾。

4. 农民对土地征收的态度

　　如上所述，一般认为经济发展水平越高，土地价值越高，则城镇化速度较快且力度也较强，土地征收现象越严重，农民对土地征收的想法也越多。如表 4 - 7 所示，江苏省被调查者表明想法的农户占到 83.61%，而四川省表明态度的农户仅占 26.09%。同时，吉林省表明不支持态度的农户比例达 45.45%，而江苏省和四川省持不支持态度的分别占到 19.67% 和 13.04%，这也从一个方面佐证了吉林省的土地征收纠纷发生率高于其他两省的原因。

表 4 – 7　　　　　　　　　被征地农民对土地征收的态度

态度	江苏		吉林		四川		三省平均	
	数量（户）	比重（%）	数量（户）	比重（%）	数量（户）	比重（%）	数量（户）	比重（%）
不回答	10	16.39	8	36.36	17	73.91	35	33.02
理解	23	37.70	3	13.64	1	4.35	27	25.47
支持	14	22.95	1	4.55	2	8.70	17	16.04
无所谓	2	3.28	0	0	0	0	2	1.89
不支持	12	19.67	10	45.45	3	13.04	25	23.58

资料来源：根据调查数据整理。

5. 农民对补偿标准的态度

当前征地补偿标准以被征土地前三年的平均年产值为依据，土地补偿费和安置补偿费均按产值倍数法加以计算，而这一方法计算的补偿标准偏低，损害了农民的部分权益。原因在于，一方面，农民拥有土地承包经营权和收益权，该种补偿方法只是对农民的土地收益权进行赔偿，土地承包经营权并未得到应有的赔偿；另一方面，其中的年均产值和补偿倍数都是人为制定的，没有科学依据（王曙光和王铭浩，2012）。调查中也发现，大部分农户认为补偿标准过低，与土地征收后的出让价格相差悬殊。从表 4 – 8 中可以看出，认为补偿标准偏低的农户达 69%；适中的则为 22%；没有农户认为补偿水平偏高。

表 4 – 8　　　　　　　　　被征地农户对补偿标准的态度

对补偿标准的态度	频数	比重（%）
未回答	15	14.15
偏高	0	0
适中	22	20.75
偏低	69	65.09

资料来源：根据调查数据整理。

6. 征地补偿的其他特点

调研中涉及土地征收的 110 户农民最近一次征地时间跨度为 1996 ~

2013 年。我国土地的有偿使用始于 1982 年改革开放以后，1988 年实行的土地使用双轨制使开发区、房地产等高速发展，在这种情况下，大量的农用地被占用，在此期间，耕地由 1997 年的 19.22 亿亩减少到 2003 年的 18.51 亿亩，减少的速度令人震惊。进入 21 世纪，随着我国城市化进程的加快，出现了新一轮的圈地热，大量耕地良田被占用，并且随着我国土地启用市场化的单轨制，"招、拍、挂"的土地使用权流转制度逐步建立，在利益的刺激下，政府采取"低征高买"的方式更加剧了土地征收的速度。表 4 - 9 显示，有 54 户农民，即一半以上的农户最近一次征地时间集中发生在最近 6 年内，其他样本最近一次征地时间分散发生在 2008 年之前的 12 年间。由此可见，随着时间的推移，农村的土地征收现象越来越普遍。从征地规模来看，体现在户均征地面积上，总体上每户被征面积约为 1.5 亩，相对如上所述的户均拥有耕地 7.53 亩来看，农民损失的土地比例不大，只占到 1/7 左右。这说明户均征地面积的时间趋势表现不是很明显。

表 4 - 9　　　　　　　　　　　征地补偿的其他指标描述

项　　目		江苏		吉林		四川		总体	
		数量 （户）	比重 （%）	数量 （户）	比重 （%）	数量 （户）	比重 （%）	数量 （户）	比重 （%）
最近 6 年内被征过农地		26	40.6	17	26.6	10	15.6	54	49.1
农地平均征占面积（亩）		1.49	—	2.32	—	0.82	—	1.5	—
被征 收土 地用 途	基础设施建设	41	64.1	15	71.4	23	92	79	71.8
	城镇经营性建设	7	10.9	0	0.0	2	8	9	8.2
	村集体经营性建设	3	4.7	4	19.1	0	0	7	6.4
	其他	13	20.3	2	9.5	0	0	15	13.6
土地 征收 方式	一次性征地	48	75	20	95.2	25	100	93	84.5
	土地入股	0	0.0	0	0.0	0	0.0	0	0.0
	长期租赁	16	25	1	4.8	0	0.0	17	15.5
	先租后买	0	0.0	0	0.0	0	0.0	0	0.0
征地 补偿 方式	现金补偿	44	68.8	21	100.0	25	100	90	81.8
	社会保障	15	23.4	0	0.0	0	0.0	15	13.6
	现金 + 实物补偿	5	7.8	0	0.0	0	0.0	5	4.5

续表

项　　目		江苏		吉林		四川		总体	
		数量（户）	比重（%）	数量（户）	比重（%）	数量（户）	比重（%）	数量（户）	比重（%）
现金补偿方式	一次性支付	29	65.9	21	100.0	25	100	75	83.3
	分期式支付	15	34.1	0	0.0	0	0.0	15	16.7
补偿款是否拖欠	是	2	3.1	5	23.8	14	56	21	19.1
	否	62	96.9	16	6.2	11	44	89	80.9
征地前后收益变化	提高	6	9.4	2	9.5	9	36	17	15.5
	降低	27	42.2	15	71.4	11	44	53	48.2
	变化不大	31	48.4	4	19.1	5	20	40	36.3

资料来源：根据调查数据整理。

关于征地用途，《中华人民共和国土地管理法》及相关政策文件要求严格区分公益性项目和非公益性项目的用地需求，并明确界定政府行使土地征收权的权限范围。从表 4 - 9 对被征收土地用途的统计数据来看，70% 以上的土地用于基础设施建设如修建国道、高速公路、铁路等公益性用途，而用于村集体和城镇的商业性用途的土地较少，这说明中央政府试图通过规范征地用途保护被征地农民权益的政策效应达到了一定的预期效果。关于土地的征收或征用方式，样本地区主要采取一次性征地和长期租赁的方式，其中一次性征地方式占比将近 85%，而一些创新性做法如土地入股和先租后买等方式在调研地区均未有实践。

不同的补偿方式对被征地后农民的生活会产生不同的影响。对于农民而言，土地担当着社会保障的角色，在土地征收过程中，农民最为关心的问题是失地后的生计。所以，采用何种补偿形式直接关系着农民的权益是否能得到保障。2008 年中共中央《关于推进农村改革发展若干重大问题的决定》明确规定，对被征地农民实行"即征即保、先保后征"的刚性原则；2010 年国土资源部发布的《关于进一步做好征地管理工作的通知》强调，"优先进行农业安置、规范留地安置和推进被征地农民社会保障资金的落实""将被征地农民纳入社会保障，是解决被征地农民长远生计的有效途径"。但从实际调研情况看（见表 4 - 9），目前大部分地区（84.6%）仍然以采用一次性现金补偿的方式为主，将被征地农民纳入社会保障体系的仅占 11.8%，而其他方式如留地安置、择业安置、入股分红安置、异地移民安置等方式更是基本上没有实行。虽然一次性发放现金的方式简单易操作，但并不能解决农民长期的住房、就业和保障问题，导致农民后续生计出现困难。我们在调查过程中也了解到，农民的确更加偏好于对今后生活有保障的补偿方式，特别是对于解决社会保障问题的补偿方式，农民甚至愿意将土地征收以换取保障。此外，调查中还发现，部分农民已经开始关注土地非农化项目对当地生态环境的影响，这意味着未来土地征收也应该包含生态补偿，若不及早采取措施，极有可能会成为发生征地补偿纠纷的导火索。

补偿款发放过程中的不规范行为，如拖欠补偿款、安置不到位等，也会损害农民权益，这也是容易引起纠纷的主要原因之一。补偿标准本就偏低，再加上不能足额、及时发放，就会进一步激化矛盾。调查中发现，样本地区都存在拖欠补偿款的情况，由表 4 - 9 可知，土地补偿款发放过程中，三省平均有 19.1% 的农户出现补偿款拖欠情况，其中四川省比例最高，达到 56%。虽然高补偿款拖欠率并没有导致四川省的征地纠纷发生率也随之增加，但拖欠补偿款侵犯农民利益，会严重影响到地方政府的形象和社会公信力，应坚决制止。

农民对于征地前后的收益比较如表 4 - 9 所示。48.2% 的农户认为征地补偿水平低于其之前经营土地所获得的收入；36.3% 的农户认为征地前后收益变化不大；15.5% 的农户认为补偿收益高于自己经营土地的收入。对于这样的结果，可能的原因很多，补偿标准过低、一次性现金补偿不能保障后续收入来源、一些农户种植作物的土地收益低等原因相互作用，使农民的主观评价结果不同。

（4.4） 本章小结

首先，基于理论知识和文献查阅，归纳出农民满意度的评价方法和影响因素，同时综合专家咨询意见，提出由农户家庭基本特征、农户耕地承包经营情况、农户土地征收情况、被征土地受偿情况以及其他因素（时间与经济因素）五个维度构成的初始理论模型，并设计初始问卷。其次，经讨论和预调研后，反复修改形成最终问卷。最后，开展全国范围内的问卷调查，收集有效数据，进而对问卷总体的数据质量进行信度和效度的初步评估。

本章重点对问卷数据进行了描述性统计分析，主要发现：（1）整体上，三个样本省土地征收的平均发生率为27.9%，即农村每四个农户中就有一户曾发生过土地征收。（2）土地征收因与地区经济发展水平相关而呈现区域差异。在经济发达的东部地区和距离县城近的近郊区，土地征收发生率相对较高。（3）三个样本省由土地征收引起的纠纷平均发生率为16.98%，其中吉林省的纠纷率最高达到27.3%。（4）就被征地农民的主观评价方面，其对土地征收、补偿标准的态度都不是很积极。除此之外，本章还对问卷中的其他指标进行差异性统计分析，并对比较结果进行详细描述。

第 5 章

土地征收补偿水平的实证研究

基于前述研究，许多学者在理论上提出征地补偿水平是影响农民对征地补偿满意程度的重要因素之一，且认为现有征地补偿水平过低，农民普遍对此不满，提高补偿标准有助于提高农民满意度。但我国的征地补偿标准自 1953 年制定以来，经历了 1958 年、1982 年、1986 年、1998 年和 2004 年五次修改，每次修改都对补偿标准有所提高，但农民仍对补偿水平表示不满。因此，征地标准究竟如何影响农民对征地补偿的评价？本章试图从实证角度通过计量模型进行论证。

5.1 理论框架

征地补偿标准指依据国家法律规定征收农村土地，支付每亩土地的各项补偿费用总和，不涉及其具体分配到农户的补偿情况。在我国，农用地转为建设用地可通过两条途径：一是由国家征收将其转变为城市建设用地，所有权发生转移，即从农民集体所有转为国家所有；二是由集体设法将其转变为集体建设用地，所有权并未发生转移，仍为农民集体所有。但这两种途径获取的建设用地地位是不平等的。《中华人民共和国土地管理法》和《中华人民共和国宪法》特别强调了建设用地必须是国有土地，农民集体所有的土地使用权不能进入市场，只有国家以征收或征用方式，将农民集体所有的土地转变为国有土地后方可进入市场，通过市场机制的作用进行优化配置。这样的制度设计完全忽略了集体土地的资产本质，难以体现集体土地的实际价值，这也使政府作为利益相关方在农地征收补偿的过程中，掌握绝对的主动权和控制权，各方权力失衡，为土地的利益分配不均埋下隐患。

政府凭借垄断地位征收的农村集体土地进入市场机制，出让的价格可以达到十几万元乃至上百万元（王心良，2011）。而对于农民的土地补偿，《中华人民共和国土地管理法》（2004）规定，"按照被征收土地的原用途给予补偿。土地补偿费和安置补助费之和不得超过被征前三年平均年产值的30倍。"随后，2004年10月国务院为解决同地不同价的问题，提出"各地在城市规划区范围内划分征地综合区片，制定统一的区片综合地价，在城市规划区范围之外，制定统一年产值标准，并且土地补偿费和安置补助费总和可以超过30倍。"2005年7月，国土资源部进一步对此标准的制定提出指导意见，要求各地在2005年底完成征地统一年产值标准和区片综合地价的制定及公布工作，补偿标准的计算依据从年产值倍数法向"统一年产值标准和区片综合地价"发生转变，土地的市场价值逐渐被考虑到土地补偿的标准中，但从实际调研情况来看，由于"统一年产值标准和区片综合地价"需考虑被征土地的类型、等级、区位因素、经济水平等多种因素，制定时难度较大，因此，多数调查中的地区目前仍然沿用《中华人民共和国土地管理法》中的年产值倍数法作为补偿依据，存在严重的政策滞后。

虽然我国的征地补偿标准几经调整，但提高后的补偿水平仍远低于土地的出让收益。秦秋兰（2008）指出，目前国家给农民的土地补偿价格与招标、拍卖、挂牌价格差距非常大，起码差几十倍。任浩等（2003）利用2000年全国农地收益价格，研究工农产品"剪刀差"对农地价格的影响，结果表明，根据年产值倍数法所得到的征地补偿仅相当于农地价格的1/5，"剪刀差"修正后的土地补偿价格也只是相当于农地价格的2/5。何晓丹（2006）通过调查浙江省部分县市的征地收益分配格局发现，被征地农民获得的土地补偿费所占比例一般为土地平均出让价格的21%~24%；特别是同经营性土地的平均出让价格相比，土地征收补偿费所占比例不到10%，大多数占比在3%~8%。罗文春（2011）以2010年西安市临潼区的征地补偿为例，按小麦的年产值计算，每亩土地获得土地补偿费和安置补偿费大约为 1.08 万 ~5.4 万元，按照这个最低和最高补偿水平来维持被征地农民的基本生活，分别最多能维持 1 年和 5 年左右。特别是在渭南和咸阳，每亩土地的补偿费只有 3 万 ~4 万元，大约相当于当地农民 2 ~3 年的人均收入，在扣除各项费用后，农民每亩地最终获得的现金补偿为 1 万 ~2 万元，按照当地的生活水平仅能维持 1 年左右。

5.2 征地补偿标准的时空特征

5.2.1 时间特征

本调研中被征地农户最近一次被征地时间跨度较大，分散在 1996 ~2013 年的 13 年中，并且大部分农户的土地征收发生在 2000 年之后。理论上，随着时间的推移，征地现象会越来越普遍，被征地样本也会越来越多，但由于本调研采取随机抽样，抽查中各年份的被征地样本量也是随机分布，不具有规律性，如图 5 - 1 所示。其中样本量聚集最多的年份在 2002 年与 2012 年，分别有 18 户和 15 户，其他年份均较为零散（2 ~10 户）。样本量的具体分布特征与各样本地区实施建设项目的时间有关。

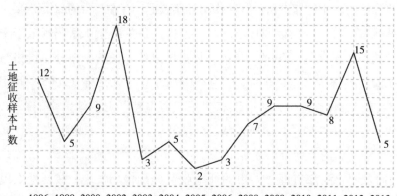

图 5 - 1　最近一次被征地时间分布

关于征地补偿标准，自 1953 年制定以来，随着经济发展和政策变革，经历了几次改革与调整，得到了很大提高。1958 年，国务院公布了修订的

《国家建设征用土地办法》，农民土地产权由农民私人所有变为集体公有，此后国家对征地政策趋于严格。1982 年，国务院公布实行《国家建设征用土地条例》，明确了"节约土地是我国的国策"，规定了征地制度的强制性。20 世纪 80 年代末至 90 年代，我国征地制度出现改革热潮，国家一系列法律法规纷纷出台。1998 年新修订的《中华人民共和国土地管理法》在全国人大常委会上通过，明确要求征地必须实行"两公告一登记"制度，补偿标准也大幅提高，将每亩土地补偿与安置补偿总倍数的上限由 20 倍上调到 30 倍。进入 21 世纪，随着工业化和城市化进程进一步加快，新一轮的征地热潮再次出现，如何制定适应新经济形势的征地补偿标准也日益成为社会关注的焦点。在此背景下，为了将征地补偿标准向土地市场价值靠拢，2005 年国土资源部出台《关于开展制定征地统一年产值标准和征地区片综合地价工作的通知》，要求省级人民政府根据当地经济发展水平制订、公布各县市的征地统一年产值标准和区片综合地价，土地征收补偿将按此新标准执行。统一年产值标准和区片综合地价使土地征收补偿数额逐步向土地的市场价值靠近，在一定程度上体现了"按价补偿"的原则，补偿标准也得到了提高。

从补偿标准的调研数据来看，由于同一年份不同地区的征地补偿标准存在差异，因此将同一年份的征地补偿标准平均，如图 5-2 显示，虽然在个别年份补偿标准存在小波动，但是从整体状况来看，征地补偿标准随时间推移呈逐渐增长趋势，并且增长的幅度很大。从 2000 年之前每亩土地低

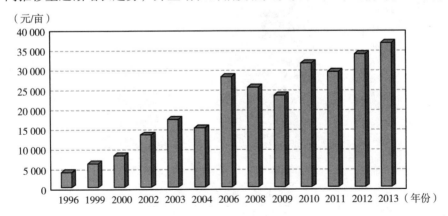

图 5-2　样本地区年均征地补偿标准

于 1 万元的补偿标准到 2006 年的每亩地平均 2.8 万元，再到 2013 年每亩地平均 3.5 万元，可以看到，征地补偿标准经过几次调整，的确有了很大提高。

5.2.2 地区特征

本调研选择江苏省、吉林省和四川省作为东部、中部和西部样本代表，由于目前多数地区的土地补偿标准按照年产值倍数法计算，具体的倍数规定由市级政府决定，因此同一年份不同地区的补偿水平是有差异的。不同经济发展水平会对征地补偿水平产生很大影响，经济发展水平高的地区，如沿海发达地区，工业化、城市化速度较快，区位条件好，土地增值也较快，因而相对于经济水平落后的地区，其对土地征收补偿水平也较高（林依标，2010）。以 2012 年为例，取各省样本的补偿最高值和最低值进行比较，如图 5-3 所示。江苏省的最高补偿标准为 4.5 万元/亩，吉林省的最高标准达到 4.06 万元/亩，最低的四川省补偿标准最多为 3.34 万元/亩，省际间的最大差距达 1 万元。至于各省的最低补偿标准，江苏省和四川省均在每亩地 2 万元以上，而四川省仅 1 万多元，最大差距也达 1 万多元。这说明地区间征地补偿水平差异性较大，经济发展水平越高的地区补偿标准越高，经济落后地区的补偿标准则较低。

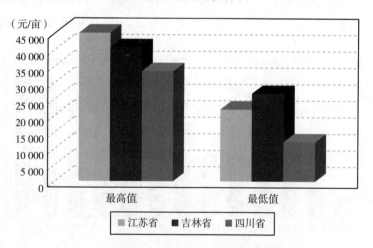

图 5-3 2012 年样本省土地补偿标准最值对比

5.3　补偿标准对被征地农民受偿满意度的影响分析

5.3.1　模型构建

1. 满意度测定

满意度是一个心理学概念，将其运用到土地征收补偿中时可以定义为实际对被征地农户的补偿水平与农户期望水平的比值。用公式表示为：

$$被征地农户满意度\ FS = \frac{CL}{DL} \times 100\% \tag{5.1}$$

其中，CL 表示实际补偿水平；DL 表示期望补偿水平；FS 表示满意的程度，分为不同等级，即当农户实际获得的补偿水平高于所期望的水平，则表示满意度较高，相反，如果农户实际获得的补偿低于其所期望的水平，就表示满意度较低。

2. 有序 Probit 模型

离散的被解释变量无法采用标准的回归模型进行研究，威廉（1986）和林毅夫（2001）提出分析离散型选择问题时，比较理想的估计方法是采用概率模型（Probit、Logit 和 Tobit 模型）。对于因变量离散数值数大于两类的，研究时应采用有序概率模型，而有序 Probit（ordinal Probit）模型是近年来处理多分类离散数据应用较广的一种方法（Van Oosterom E. J.，1996）。有序 Probit 模型的构建为：

设有一个潜在变量 y_i^* 是不可观测的，可观测的是 y_i，设 y_i 存在 0，1，2，$\cdots$，M 等 $M+1$ 个取值。

$$y_i^* = X_i'\beta + u_i^* \qquad i = 1,2,\cdots,N \tag{5.2}$$

其中，u_i^* 是独立同分布的随机变量；y_i 可以通过 y_i^* 依据下面的公式得到：

$$y_i = \begin{cases} 0 & \text{如果 } y_i^* \leq c_1 \\ 1 & \text{如果 } c_1 < y_i^* \leq c_2 \\ 2 & \text{如果 } c_2 < y_i^* \leq c_3 \\ \vdots & \vdots \\ M & \text{如果 } c_M < y_i^* \end{cases} \qquad (5.3)$$

设 u_i^* 的分布函数为 $F(x)$，可以得到如下概率：

$$P(y_i = 0) = F(c_1 - X_i'\beta)$$
$$P(y_i = 1) = F(c_2 - X_i'\beta) - F(c_1 - X_i'\beta)$$
$$P(y_i = 2) = F(c_3 - X_i'\beta) - F(c_2 - X_i'\beta)$$
$$\vdots$$
$$P(y_i = M) = 1 - F(c_M - X_i'\beta)$$

需要指出的是，M 个临界值 c_1，c_2，$\cdots$，c_M 事先也是不确定的，需作为参数和回归系数一起估计。对于 Probit 模型的估计有很多方法，如极大似然估计法、半参估计法和非参贝叶斯法等（姚少英，2011），一般多采用极大似然值法，则其似然函数为：

$$L = \prod_{i=1}^{n} \prod_{j=1}^{M} [P(y_i = j)]^{d_{ij}}$$
$$= \prod_{i=1}^{n} \prod_{j=1}^{M} [F(c_j - X_i'\beta) - F(c_{j-1} - X_i'\beta)]^{d_{ij}}$$

对其两边取自然对数，得到：

$$\ln L = \sum_{i=1}^{n} \sum_{j=1}^{M} d_{ij} \ln [P(y_i = j)]$$
$$= \sum_{i=1}^{n} \sum_{j=1}^{M} d_{ij} \ln [F(c_j - X_i'\beta) - F(c_{j-1} - X_i'\beta)]$$

再对此公式中的 β 求导数，并令导数公式等于零，解出方程组中的 β，最终得到模型参数的极大似然解。

有序 Probit 模型中估计的系数不能解释成相应的自变量对因变量的边际影响，即系数的意义不能解释为边际影响，而只能从正负符号上判断：如果符号为正，表示解释变量越大，因变量取 1 的概率越大；反之，如果系数为负，表示相应的概率越小。用公式表达：

若 $\beta = 0$，则 X 对 Y 没有影响；

若 $\beta > 0$，则概率 $P(y \leq j)$ 比较小，而概率 $P(y > j)$ 比较大，表明 X 的增大会降低选择较低等级的概率，而增加选择较高等级的可能性；

若 $\beta < 0$，则概率 $P(y \leq j)$ 比较大，而概率 $P(y > j)$ 比较小，表明 X 的增大会提高选择较低等级的概率，而降低选择较高等级的可能性。

因此，有序 Probit 模型是使用可观测的有序离散数据来研究不可观测的潜变量变化规律的方法。不同于普通的回归模型中因变量之间的差异视为等同，数字间的差值没有任何意义，只反映等级间的差异。另外，其观测样本需相互独立，且残差项服从正态分布，即 $\mu \sim N(0, \sigma^2, I)$。

本章关注的是补偿标准对被征地农民征地补偿满意度的影响，其他因素均作为控制变量处理。基本模型设定为：

$$FS_i = \beta_0 + \sum \beta_{1i} CS_i + \sum \beta_{2k} X_{ki} + u_i \qquad (5.4)$$

其中，FS_i 为离散型变量，指被调查者 i 对征地补偿的满意度；CS_i 为被调查者 i 被征土地获得的补偿标准；X_{ki} 为被调查者 i 的控制变量，如农户个人和家庭信息、土地禀赋特征、经济与时间因素等；β_0、β_{1i}、β_{2k} 为未知系数，其中 β_{1i} 为主要研究的目标系数；u_i 为方程的残差项。由于因变量满意度是一个有序分类变量，这一变量取值为 3、2、1 时分别表示满意、一般和不满意，因此我们选择多元有序 Probit 模型进行回归。如第 4 章所述，被征地样本共 110 户，剔除涉及实物补偿的 5 户样本，模型对 105 户样本进行了回归分析，回归结果见表 5-1。

表 5-1　　　　基本回归方程结果（多元有序概率模型）

被解释变量：农民满意度	(1)	(2)	(3)	(4)	(5)
补偿标准	-0.0203 **	0.0343 **	0.0354 **	0.0353 *	0.0353 **
	(0.0101)	(0.0159)	(0.0163)	(0.0200)	(0.0144)
其他解释变量					
地区变量（参照组：中部）					
Z1（东部）		1.1007 ***	1.0909 **	0.8544	0.08544
		(0.4201)	(0.4324)	(0.6963)	(0.7032)
Z2（西部）		1.2644 ***	1.0670 **	1.0460 *	1.0460 **
		(0.4315)	(0.4633)	(0.6336)	(0.5302)

续表

被解释变量：农民满意度	（1）	（2）	（3）	（4）	（5）
时间变量（参照组：其他年份）					
征地补偿发生在最近 6 年内		−0.7701 ** （0.3332）	−0.8771 ** （0.3466）	−0.7055 ** （0.3511）	−0.7055 *** （0.2613）
人均非农收入		−0.1942 *** （0.0300）	−0.2082 *** （0.0322）	−0.2145 *** （0.0356）	−0.2145 *** （0.0292）
征地用途（参照组：非公益用地）					
公益性用地			0.5794 * （0.3287）	0.0741 （0.4750）	0.1343 （0.4232）
征地后收益变化				0.0195 （0.2046）	−0.0103 （0.2195）
补偿款拖欠（参照组：无拖欠）					
拖欠				0.4476 （0.4066）	0.4476 （0.5874）
年龄			0.0361 *** （0.0132）	0.0365 ** （0.0147）	0.0365 *** （0.0099）
性别				0.4551 （0.3291）	0.4551 （0.4043）
文化程度				−0.0117 （0.0614）	−0.0117 （0.0642）
家庭规模				−0.0322 （0.0868）	−0.0322 （0.0776）
剩余土地份额				0.0048 （0.0080）	0.0048 （0.0068）
地块数				0.0527 （0.0647）	0.0527 （0.0535）
征地区位（参照组：中间地区）					
$D1$（近郊区）				0.2963 （0.6496）	0.2963 （0.7175）
$D2$（偏远地区）				−0.0547 （0.5282）	−0.0547 （0.5885）
N	105	105	105	105	105
Pseudo R^2	0.0182	0.3797	0.423	0.4381	0.4381

注：① 括号内标注为稳健的标准差。方程（5）中的标准差显示为村级。

② * 代表 10% 显著性水平；** 代表 5% 显著性水平；*** 代表 1% 显著性水平。

5.3.2 变量选取与假设

本研究的因变量为被征地农民的满意度，用来衡量农户对征地补偿的主观评价。被征地农民基于征地后得到的货币补偿和非货币补偿（如为了被征地农民更好地适应新生活，实施的安置方式以及后续的配套保障措施等）对此做出综合评判。因变量被划分为三个有序等级："3"表示农民对征地补偿状况满意；"2"表示农民持中立或保守态度，认为征地补偿条件一般；"1"表示农民对征地后的补偿情况不满意。对于补偿满意度的影响因素，本研究主要选取了以下解释变量进行分析，并提出了相应的研究假设。

1. 补偿标准

如前所述，本章中选取的补偿标准变量为农村土地征收者对每亩土地支付的补偿费用，包括土地补偿费、安置补偿费以及地上附着物和青苗的费用，以"元/亩"衡量，而不是指农民实际获得补偿数额。许多国内外学者认为补偿标准过低是影响农民满意度甚至引发农村土地纠纷的重要因素（Ding，2007；Hui and Bao，2013；冀县卿和钱忠好，2011；林其玲，2009）。因此，本章将补偿标准作为主要变量进行研究，并假设补偿标准与被征地农民满意度呈正相关，即补偿标准越高，农民越有可能对征地补偿感到满意。

由于问卷中农民的家庭基本资料和拥有耕地信息都是关于 2012 年的，而被征地时间分散在 1996 ~ 2013 年的不同年份，随着时间推移，经济水平提高，物价水平上涨，土地市场价格在翻倍，垂直的不同时间征地会造成补偿标准差异。因此，为了去除通货膨胀对货币的影响，只进行补偿数额的横向比较，我们将不同年份的名义补偿标准根据历年的通货膨胀率（见表 5 - 2）进行贴现，折算成 2012 年的数额，也就是说，模型中进行回归的补偿标准数值均是剔除通货膨胀因素后的实际补偿标准。

表 5 - 2　　　　　中国历年通货膨胀率（1991~2013 年）　　　　单位：%

1991 年	1992 年	1993 年	1994 年	1995 年	1996 年	1997 年	1998 年	1999 年
3.4	6.4	14.7	24.1	17.1	8.3	2.8	-0.8	-1.4
2000 年	2001 年	2002 年	2003 年	2004 年	2005 年	2006 年	2007 年	2008 年
0.4	0.7	-0.8	1.2	3.9	1.8	1.5	4.8	5.9
2009 年	2010 年	2011 年	2012 年	2013 年				
-0.7	3.3	5.4	2.6	2.6				

资料来源：中国统计局网站。

2. 其他征地补偿变量

其他征地补偿变量主要包括以下三个：（1）征地用途。指农地征收后是否用于公益性用途，如修建公路、铁路、学校等非营利性设施。刘祥琪等（2012）研究发现，在其他情况相同的条件下，与非公益性目的的征地相比，当征地用于公益性建设时，农民对征地的满意度要显著更高。因此，我们假设征地用途与农民补偿满意度呈正相关。（2）补偿款是否拖欠。指基层政府或村集体在参与补偿收益分配时，是否存在拖欠、截留征地补偿款的行为。孔祥智和王志强（2004）、谢平（2006）以及江帆（2004）等对基层政府和村集体参与土地征收补偿款的分配进行研究，发现一些县（乡）政府层层截留补偿金，拖欠、挪用数额较大，导致集体经济组织及农民获取的补偿收益减少，农民对此很不满。因此，我们假设当补偿款发放存在拖欠行为时，农民满意度会降低。（3）征地后收益变化。指征地后与征地前相比，收入提高、降低还是没有变化。农民作为一个经济人、理性人，对征地前后的收益进行比较是影响其满意程度的重要因素，如果征地后收益增加，显然说明农民对补偿的满意度提高。因此，我们假设征地后收益变化与满意度呈正相关。

3. 农户个人及家庭特征

被征地农民在年龄、性别、受教育程度、家庭人数和非农收入比重等方面的不同，使其对土地征收补偿有不同的认知（Vranken and Swinnen，2006）。（1）被调查者年龄。被调查者年龄对征地补偿满意度有非线性影响。被调查者年轻力壮时，具备较强的就业技能，有更多机会从事非农就业，土地征收不会对其生活方式产生重大影响；随着年龄增长到一定范围内，获得的补偿款越多，其对征地补偿满意程度可能越高；但当年龄超过一定岁数时，由于其缺乏就业技能，对土地的依赖程度加深，离开土地其将很难适应新的生活方式，而如果地方政府再不对其配备合理的安置方案和社会保障措施，就有可能导致年龄越大的农民对征地越排斥，则满意度也就会越低。（2）被调查者性别。一般而言，男女性别的差异会带来对土地认知程度的差别。女性就业能力较男性弱，并且思想较保守，求稳心理强，往往会对补偿要求更高，以获得足够的安全感（林依标，2010）。（3）受教育程度。一方面，被调查者受教育程度高，非农就业能力就越强，容易脱离土地适应新的生活方式；另一方面，受教育程度越高，认知能力越强，维权意识也越强，当然也就越容易发现征地制度和政策中存在的不合理和不公平现象，越有可能对征地补偿不满意。（4）家庭人数。家庭人数代表家庭规模，一般来讲，家庭规模越大，经济负担越重，因而满意度随着家庭人数的增加而降低。（5）人均非农收入。人均非农收入越高，说明家庭非农就业能力越强，对土地的依赖性越小，土地征收对其生活影响也较小，因而更有可能对征地补偿感到满意。

4. 农户土地禀赋特征

家庭拥有的土地的禀赋特征也会对农民满意度产生影响。（1）土地块数。土地地块的数量代表土地的细碎化程度。土地块数越多，说明土地细碎化越严重，不利于农户规模化经营，影响生产效率，则农户更有可能愿意被征地。（2）剩余土地份额。依据效用理论，家庭失地比例越低，剩余土地面积越大，单位土地对于农民的效用越小，农民转让土地的倾向越高，其受偿价格越低，则农民对补偿越有可能满意（林依标，2010）。（3）征地区位。指根据土地所在村庄距离最近乡镇或县城的远近，分为近郊区、中郊区和远郊区。一方面，位于近郊区的土地价值相对较高，补偿款也较高，农民越有可能接受征地补偿；相应地，位于偏远地区的土地价值低，补偿款相对较低，农民更有可能不满意。另一方面，近郊区的地价较高，农民期望的补偿款也较高，其对现有补偿的满意程度也就可能较低。远郊区的农民由于离县城较远，非农就业机会少，对土地的依赖程度高，农民不愿意被征收土地（林乐芬和金媛，2012）。这两方面的作用都有可能存在，因此具体的影响方向不确定。

5. 经济因素和时间

（1）经济因素。经济发展水平是宏观方面的因素，以地区变量来代表这一特征。本调研样本分别取自东部、中部、西部三个不同水平的经济发展区域，东部地区的江苏省为沿海发达地区，工业化、城市化速度较快，土地增值也较快，并且政府有经济能力为被征地农民提供后续的生活保障，农民的非农就业机会较多，相对更容易适应被征地后的生活。相比之下，西部地区经济欠发达，农民的主要收入来源于农业，其对土地的依赖性较高，征地更有可能让农民失去生活保障而感到不满。（2）征地时间。我们认为随着经济水平、政策制度的发展，最近 6 年内发生的征地补偿较之前的情况差异较大，因此将征地时间划分为两个阶段，即征地发生在最近 6 年内和发生在之前年份。罗文春（2011）提出，近年来地价上涨快，农民对土地价值的心理期望越高，则补偿款与土地市价的差异可能就越大，农民越有可能对补偿不满意。而林乐芬和金媛（2012）却认为，近年来征地补偿标准每年都有不同程度的提高，被征地农户受偿满意程度可能会随着征地年份的推移而有所提高。这两种对征地时间与满意度的关系的看法截然相反。因此，我们假设征地时间与农民满意度之间存在相关关系，但影响的方向不确定。

回归模型中变量的定义如表 5-3 所示。

表 5-3   回归模型中变量的定义

变量（Y_i，X_i）	定义	均值	标准差
被解释变量			
农民对征地补偿的满意度	农民对征地补偿的态度，3＝满意；2＝一般；1＝不满意	2.17	0.86
解释变量			
农户个人特征			
年龄	被调查者年龄（岁）	54.56	11.26
性别	被调查者性别，1＝男；0＝女	0.7	0.46
文化程度	被调查者接受正规教育年限（年）	7.1	2.86

续表

变量（Y_i，X_i）	定义	均值	标准差
家庭规模	被调查者家庭人口数	4.63	3.13
人均非农收入	2012 年家庭人均非农产业收入（1000 元）	8.13	7.64
农户承包地基本信息			
剩余土地份额	征地后，农户剩余承包地占之前承包地总数的比例（%）	66.8	28.11
土地块数	农户承包地的块数	4.56	3.23
$D1$	1＝近郊区；0＝其他	0.58	0.50
$D2$	1＝偏远地区；0＝其他	0.26	0.44
农地征占与补偿			
补偿标准	每亩土地获得的补偿费用总额（以 2012 年为基期，1000 元/亩）	18.82	10.21
征地用途	土地被征占后的用途，1＝公益用地；0＝其他	0.77	0.42
收益变化	被调查者对征地前后收益变化的主观评价，3＝增加；2＝不变；1＝减少	1.62	0.73
补偿款拖欠	1＝发生拖欠；0＝未拖欠	0.77	0.42
地区特征			
$Z1$	1＝东部；0＝其他	0.55	0.50
$Z2$	1＝西部；0＝其他	0.25	0.43
时间趋势			
T	1＝征地发生在最近 6 年内；0＝其他年份	0.50	0.50

资料来源：根据调查数据整理。

5.3.3　结果分析

如表 5 - 1 中第（1）列所示，我们首先进行简单回归，只将补偿标准一个变量放入模型中运行，以考察补偿标准对农民征地补偿满意度的单独影响，结果显示补偿标准在 5% 的显著性水平下显著，但影响为负。这一发现与假设情况不一致，显然也与常理相悖。一般而言，农民作为理性人，补偿标准越高，其对征地补偿的满意程度越有可能提高。分析出现这一结果可能存在的原因为，近年来随着经济发展水平的提高，土地价值大幅升高，虽然征地补偿标准几经调整，有了明显提高，但如果所征土地的市场价格更高，二者的差距加大会导致农民感到不公平，从而对此更加不满意（刘祥琪，2012）。因此，我们应在模型中加入变量（或变量组合）以控制二者之间的差距效用，从而消除此负向影响。理想的办法是，利用被征土地在成为非农用地后的市场价格来加以控制，但是问卷中我们只涉及农户层面的信息，并没有涉及被征土地在成为非农用地后的市场价格。为此，我们在模型中逐个加入变量，如能体现或代表当地经济发展水平、时间趋势方面的变量，以达到代理农用地市场价格的效果，从而控制上述分析中可能存在的影响。

如表 5-1 中第（2）列所示，随着变量的逐个加入，当模型中包含地区变量、时间变量和人均非农收入变量后，补偿标准变量仍然在 5% 的水平上显著，且符号由负转正。这表明，在控制住经济因素和时间因素的条件下，当被征土地的市场价格稳定时，补偿标准越高，农民满意度越有可能提高。这一结果符合常理，与学者的主流观点一致，也与国家的政策调整方向保持一致。朱明芬（2003）通过对浙江农村土地征收补偿标准的调查发现，相对于保障农民生活消费水平、相对于农民对土地的预期收益，以及相对于政府出让土地的收入而言，现有的补偿标准过低，强烈要求提高征地补偿水平。林丹（2011）提出现行的补偿标准太低，计算方法不合理，只考虑对耕地的经济价值进行补偿，未包含土地征收后的增值部分。为解决补偿标准制定机制中存在的缺陷，近年来国家也对补偿标准的计算依据进行调整，从年产值倍数法向统一年产值标准和区片综合地价发生转变，土地的市场价值逐渐被考虑到标准中去，因而标准也正趋于合理化。总之，由结果得出，补偿标准对农民满意度的影响不仅取决于绝对水平，还要考虑其与土地市场价格之间的相对差距，只有在控制住经济因素和时间因素影响的条件下，随着补偿标准的提高，农民对征地补偿的满意度越有可能提高。

关于控制变量，如表 5-1 中第（2）列所示，时间变量 T 在 5% 的水平上显著为负，与研究假设一致，即近年来虽然征地政策几经调整，土地补偿标准不断提高，但土地征占后的市场价格更高，并且二者的差距随着时间的变化呈加大的趋势，所以最近 6 年与之前年份相比，农民的满意度更有可能下降。地区变量 $Z1$ 与 $Z2$ 分别在 10% 与 5% 的水平上显著，且系数符号均为正。Z1 与研究假设一致，即位于东部的江苏省为沿海经济发达地区，工业化、城市化速度较快，土地增值也较快，并且政府有经济能力为被征地农民提供相应的后续保障措施，农民的非农就业机会较多，相对更容易适应被征地后的生活，从而对征地补偿感到满意。而 Z2 与假设相悖，分析 Z2 不一致的原因可能为：一方面，西部地区经济欠发达，农民对农业生产依赖性高，不愿意被征地；另一方面，西部地区的土地质量差，细碎化严重，农业生产率低，导致农民不愿意耕种，反而更愿意土地被征收获得补偿。从最终结果来看，第二种作用影响可能更大，使 Z2 显著为正。另外，值得我们注意的是，人均非农收入变量对满意度的影响非常显著，即在 1% 的水平上显著为负，这与研究假设相悖。分析其可能的原因也存在两个方面：一般来讲，家庭人均非农收入越多，对农业的依赖性越低，农民越有可能愿意征地；但从另一角度，人均非农收入在一定程度上体现当地非农用地的市场价格，即非农收入越高，代表当地经济越发达，农地转为非农用地后的市场价格越高，相比之下，补偿水平显得更低，则农民对补偿的满意度越低。因此，两个相反作用的最终结果使系数符号为负。

接着，我们将余下的控制变量逐个加入模型中，筛选出其他对满意度有影响的因素。如表 5 - 1 中第 (3) 列所示，农民年龄与征地用途分别在 1% 和 10% 的水平上显著，且系数符号均为正。年龄变量显著为正，说明被调查者的年龄越大，对征地补偿的满意度越高。这种情况在假设中曾分析过，假设中分析年龄对满意度呈非线性影响，当农民年轻力壮时，具备较强的就业技能，有更多机会从事非农就业，土地征收不会对其生活方式产生重大影响，随着年龄增长在一定范围内，获得的补偿款越多，其对征地补偿满意程度可能越高；但当年龄超过一定岁数时，由于其缺乏就业技能，对土地的依赖程度加深，离开土地其将很难适应新的生活方式，而如果地方政府再不对其配备合理的安置方案和社会保障措施就有可能导致年龄越大的农民，对征地越排斥，则满意度也就会越低。从结果来看，被调查的农民岁数在一定范围内时，补偿标准提高，农民的满意度也有可能随之提高。而征地用途变量的情况则与假设一致，即在其他情况相同的条件下，与非公益性用途的征地相比，当征地用于公益性建设时，农民对征地的满意度明显更高。

最后，当全部控制变量加入模型中时，结果如表 5 - 1 中第（4）列所示。我们关注的主要变量补偿标准对农民满意度的影响仍然显著为正，时间变量、人均非农收入变量、年龄变量和西部地区变量的显著性也保持不变，但原先显著的东部变量 $Z1$ 与征地用途变量不再显著，可能的原因是这两个变量受到了其他因素的影响而不再显著。

另外，我们对以上结论进行了稳健性检验。考虑到回归的样本均为农户层面，而很多农户是出于同一个农村，因此，同一个村的农户之间回归模型的误差存在相关的可能性。为此，我们对标准误以村级集群进行了校正。如表 5 - 1 中第（5）列所示，主要变量征地补偿标准以及控制变量，西部变量 $Z2$、时间变量 T、人均非农收入和年龄的显著性并没有显著改变，只是变量的标准误发生小幅度变化。这说明，回归模型较为稳健。

5.4 典型案例剖析

重庆市两江新区农地征收补偿标准的实践分析

重庆作为西南地区中央直辖市，大城市、大农村、大山区并存，城乡二元结构突出，统筹城乡发展对缩小当地贫富差距，促进地区经济发展意义重大。失地农民作为城乡统筹发展中特定的社会群体，其在土地被征收过程中的合法权益能否得到保障，丧失土地后基本生活如何维持，这些问题的解决是统筹城乡过程中面临的重要课题。重庆市两江新区是继浦东新区、滨海新区之后，我国第三个国家级新区。2010 年 6 月 18 日，即重庆直辖 13 周年之际，作为我国内陆唯一的国家级开发开放新区——重庆"两江新区"挂牌成立。对于两江新区的开发建设，当地农民是举双手赞成的，因为这将极大改善他们周围的生活环境。两江新区所辖的江北、北碚、渝北等地区农民，生活水平较低，由于居住地点远离城区，大多从事农耕，加上重庆特殊的地貌特征，对土地的利用效率不高，基本上是自给自足式的。两江新区的开发建设将改变当地农民的生活方式，原本落后贫穷的乡村将被开发建设成为科技、人才、资源等众多优势齐聚的国家级开发新区，这对于当地农民来说是令人欢欣鼓舞的好消息。但另一方面，农民对于失去土地的保障后如何维持今后的生活表示担忧，土地征收补偿能否保证他们今后的生活发展是其最为关心的问题。

1. 重庆市两江新区农地征收补偿标准

我国目前关于土地征收补偿的主导模式是"自上而下"的。实践中，不同地域经济发展水平差别较大，各省、自治区、直辖市的地方法规、规章和规范性文件在不违背法定标准的情况下，根据当地的实际情况制定了具体的补偿标准。重庆直辖以来，重庆市人民政府出台的征地补偿文件主要有四个，包括 1994 年的《重庆市征地拆迁补偿安置办法》、1999 年的《重庆市征地补偿安置办法》、2005 年的《重庆市人民政府关于调整征地补偿安置标准做好征地补偿安置工作的通知》，以及 2008 年的《重庆市人民政府关于调整征地补偿安置政策有关事项的通知》。现行有效的文件是 1999 年的《重庆市征地补偿安置办法》以及 2008 年的《重庆市人民政府关于调整征地补偿安置政策有关事项的通知》。其中规定主城区土地补偿费不分地类，按被征收土地面积计算：一类地区（中心城区：1062 平方千米以内）的土地补偿费标准为每亩 16000 元；二类地区（次中心城区：1062 平方千米至 2737 平方千米以内）的土地补偿费标准为每亩 15000 元；三类地区（都市区：2737 平方千米至 5473 平方千米以内）的土地补偿费标准为每亩 14000 元。安置补助费按转非安置的农业人口数计算，每个转非安置的农业人口的安置补助费标准为 28000 元。青苗和地上构（附）着物补偿标准也有详细规定。重庆市两江新区包括江北区、渝北区、北碚区三个区的部分区域，每一区又下辖多个片区，这三个区域根据上述重庆市的调整通知，结合本地区的实际情况，2008 年分别制定了适合本地区的征地补偿实施细则等，比如《重庆市江北区征地拆迁补偿安置实施细则》《重庆市渝北区人民政府贯彻重庆市人民政府关于调整征地补偿安置政策有关事项的通知的实施意见》《重庆北部新区经开园征地补偿安置实施意见》，其中，有关征地补偿标准在具体数额上又因地域差异而有所不同，2011年重庆市两江新区实际征收土地的补偿标准则是依据上述规定实施的。

2. 重庆市两江新区农地征收补偿存在的问题

（1）征地补偿费用低。

根据重庆市2008年发布的征地补偿标准，以一类地区（中心城区：1062平方千米以内）为例，土地补偿费为每亩16000元，其中总额的80%用于被征地农转非人员参加城镇企业职工基本养老保险，20%用于安排集体经济组织成员的生产生活；安置补助费为28000元/人，土地青苗补偿一类标准为蔬菜类（含经济作物类）1430~1760元/亩，粮食类1100~1430元/亩，地上附着物按具体的种类补偿不同，根据当地人多地少的实际情况，一半以上家庭不足3亩地，以每户3口人来计算，可获得的补偿费为10万元左右，单单只看这笔数目，似乎对于大部分农民来说十分可观，但要考虑到这些补偿费用能否弥补农民因失地所受到的损失。

农民土地被征收，依据《中华人民共和国土地管理法》的规定，农民被补偿的如土地补偿费、安置补助费、青苗等多是看得见的直接损失，但农民所失去的并不仅仅是土地表面那一点价值，还意味着永久失去了看不见的土地蕴藏的价值。虽然当地农民种植土地收入并不高，并不能发挥土地最大的价值，然而土地稳定的供给、其生存保障功能是其他行业所代替不了的。农民土地被征收，也就意味着失去了最基本的生活保障，其生存发展方式、就业教育等权益都将受到不同程度的影响。而目前农民所获得的补偿均是政府一次性支付的，对于那些没有稳定收入、完全依靠土地生活的农民来说，这些补偿将是其今后生存发展的依靠。然而，这些补偿却远远达不到维持农民原有生活的水平。就以农民搬离首先面对的住房问题为例，政府虽然提供了住房安置，但由于货币安置过低，大部分人选择实物安置，但大部分安置房并未完全建设完毕，当地农民唯有选择就近租房。由于当地要开发新区，相邻地段房屋租金也水涨船高，所获得的补偿费用于支付租金后，用来维持今后生活的就是杯水车薪。

（2）征地补偿标准依据滞后。

在重庆两江新区调研过程中，失地农民一致反映征地补偿标准依据滞后于现实的经济发展水平。如上所述，重庆两江新区三个片区的实施标准多是 2008 年制定的，当地农民认为以 2008 年制定的依据来补偿安置极其不合理。2008 年颁布的补偿标准是根据当时的实际情况制定的，或许对当时土地征收补偿的农民来说是合理的，但对现在被征地农民来说未必合理。自 2008 年下半年以来，由于国际金融危机的影响，国内物价水平上涨很大，现今的基本生活消费水平与 2008 年时相差甚远，如果以当时的标准来补偿如今征地造成的损失，在现今的物价水平压力下，获得和 2008 年失地农民同样的补偿费用，对于被征地农民实际上是非常不公平的。对此，当地农民通过各种渠道向相关部门反映应出台新的补偿标准，然而，农地征收工作展开至今也未见新的规定出台。事实上，2010 年《国土资源部关于进一步做好征地管理工作的通知》称："各地应建立征地补偿标准动态调整机制，根据经济发展水平、当地人均收入增长幅度等情况，每 2 至 3 年对征地补偿标准进行调整，逐步提高征地补偿水平。目前实施的征地补偿标准已超过规定年限的省份，应按此要求尽快调整修订。未及时调整的，不予通过用地审查。"虽然上述文件规定了各地应建立征地补偿标准动态调整机制，但由于我国在关于土地征收补偿的相关规定方面存在层层授权的问题，各级政府都有制定相关规定的权利，因此，征地补偿标准动态调整机制的建立就显得形同虚设；另外，《中华人民共和国土地管理法》的相关规定也赋予了省级政府、国务院在特定情况下调整征地补偿标准的权利，但无论补偿标准如何调整，都是以年产值倍数法来计算的，这样的调整能否与快速发展的经济发展水平保持协调值得怀疑。

（3）征地补偿费计算标准不合理。

第一，关于土地补偿费。农户的反映是政府征收土地给予的土地补偿费仅仅是以年产值的倍数计算的，与出让给开发商后获得的款项数额相差太大，政府征地与供地之间存在巨大的利益空间，而农民获得的补偿却十分低廉，这对于被征地农民来说不公平。当地农户虽然并没有提出以何种方式进行补偿，但却明显对土地补偿费的计算标准不满。

第二，关于青苗补偿费。根据重庆市征地补偿标准的相关规定，青苗补偿费分为两类：一类是蔬菜类（含经济作物类）；另一类是粮食类。在有关重庆两江新区鱼嘴镇楼房村的调研中发现，当地农民反映，将经济作物类转化为蔬菜类进行补偿非常不合理。事实上，当地村民以种植橘园、销售橘子为生，而橘园补偿是以江北区征收土地青苗补偿标准执行的，以蔬菜类（含经济作物类）1650 元/亩补偿，被征地农民认为补偿标准过低，难以补偿失去赖以生存的果园造成的损失。青苗的补偿是对农作物成本的补偿，而不同作物的成本是有区别的，这样的补偿方式没有考虑到不同作物可能带来的经济价值，统一按照面积计算，"一刀切"的做法确有不妥。

（4）征收补偿范围狭窄。

根据《中华人民共和国土地管理法》第四十七条的规定，征地补偿费用包括土地补偿费、安置补偿费、地上附着物和青苗补偿费等。各级政府在制定补偿标准时也是严格依照此范围制定相关实施细则，但实际征地过程中，农民遭受的损失并非仅仅这些。实地调研过程中，有一农户将自己临街的房屋作为商店，经营日常生活用品，商店的收入可以算是农户一家的主要收入，一旦拆迁搬离，其将失去这笔收入，在其他地方重置商店门面的成本要大得多，但征收补偿并未将这种无形的损失计算在补偿范围内。此外，还存在有的农户一部分农地被征收，另外一部分农地未被征收的现象，此种情况下，农地因割裂而造成的损失也不在补偿范围之内。我国现行的征地补偿项目和费用仅补偿与土地有直接联系的损失、残地损失和其他间接损失没有列入补偿范围，这意味着并没有体现土地的潜在收益和利用价值。

5.5 本章小结

　　本章主要利用 3 个省抽样调查中涉及土地征收的农户样本，实证检验了补偿标准如何对被征地农民满意度产生影响。首先，在理论分析与文献总结的基础上提出征地补偿标准是影响农民满意度的主要因素之一，进而对被征地样本的补偿标准进行差异性描述统计，从时间特征和地区特征两个角度比较分析征地标准的演变。

　　其次，将征地标准作为主要解释变量进行计量分析。为便于量化，我们将补偿中涉及实物补偿的样本予以剔除，并将不同征地年份的补偿标准剔除通货膨胀因素，以 2012 年为基期，折算成基期的数额。通过多元有序概率模型进行回归，我们发现补偿标准对农民满意度的影响不仅取决于绝对水平，还要考虑其与土地市场价格之间的相对差距，只有在控制住经济因素和时间因素影响的条件下，随着补偿标准的提高，农民对征地补偿的满意度越有可能提高。

　　此外，我们也注意到一些控制变量对满意度有显著影响。时间变量与农民征地补偿满意度呈负相关，验证了近年来土地征占矛盾愈演愈烈、补偿纠纷逐渐增多的事实。地区变量中，相比中部地区，东部和西部地区的农民对征地补偿状况较为满意。人均非农收入变量在一定程度上代表当地经济水平，非农收入越高，表示当地经济越发达、转为非农用地后的市场价格越高，相比之下，则农民越有可能对补偿水平不满意。另外，年龄越大的农民，更容易服从征地政策，接受征地补偿；相比非公益性用途的征地，农民对公益性征地的满意度更高。

第 6 章

土地征收安置补偿方式的实证研究

土地作为农民生产和生活的重要来源，始终承载着生存和社会保障的多重功能。征收农民土地，农民失去的不仅仅是土地本身，还关系到农民生存权和发展权等一系列的权力和利益。为被征地农民提供货币补偿是必要的，但选择合理的方式对其进行安置也尤为重要，妥善安置被征地农民，充分保障其后续生活，才能实现农村社会的和谐稳定发展。因此，本章将安置补偿方式作为影响征地补偿满意度的另一个重要因素来进行研究。

6.1 理论框架

关于被征地农民安置补偿模式问题，国内学者已进行了大量研究。朱明芬（2003）对浙江省 5 个市 255 户征地农户进行了问卷调查，80% 以上的农户希望征地时能为他们提供社会保障，如养老保险和大病医疗保险，90% 以上的农户希望用地单位或村社能给解决就业问题。郭晓鸣（2005）为安置被征地农民提出了三条路径和建议：在补偿方面，从货币补偿到社保安置；在社会保险方面，以土地换保障；在就业方面，从招工安置到引导型就业。张术环（2010）建议把被征地农民的当前利益与长远利益结合起来，采取灵活多样的补偿安置办法，如农业生产安置、重新择业安置、入股分红安置以及异地移民安置。冀县卿和钱忠好（2011）认为，单一的货币安置使失地农民获得极低的征地补偿的同时也失去了就业岗位，被动城市化的失地农民不可避免地面临就业困难、缺乏长远保障等风险，而经济补偿以外的安置方式对防范风险会产生积极效应。郑财贵和朱玉碧（2006）指出，对被征地农民的补偿安置不能靠单一的方式，应根据不同地区社会经济发展水平以及不同年龄段的农民的需求，选择相应的组合进行补偿。王心良（2011）统计44篇以征地补偿为研究内容的文献中，有31篇文献认为征地补偿模式是影响农民不满意的重要因素。因此，本书也将征地补偿模式作为重要因素进行深入研究。

对于被征地农民应采取的补偿方式，相关法律政策未做强制规定，均以鼓励探索适合当地发展情形和不降低农民生活水平为原则。2004年《国务院关于深化改革严格土地管理的决定》根据不同情形提供了四种安置途径：一是对于有稳定收益项目的农村集体经济组织，农民可将建设用地使用权作价入股，凭股获益；二是对于城市规划区内的被征地农民，当地政府应将其纳入城镇就业体系，并设立专门的社保制度；三是对于城市规划区外的被征地农民，当地政府应在本行政区内预留必要的耕作土地或安排适当的工作岗位；四是对于不具备基本生产生活条件的无地农民，应当异地移民安置。随后，国土资源部《关于完善征地补偿安置制度的指导意见》进一步对不同安置途径的适用条件进行说明，即征收城市规划区外的农民，进行农业生产安置；积极创造条件，向被征地农民提供重新择业安置；有长期稳定收益的项目用地，可实行入股分红安置；本区内无法提供基本生产生活条件的，可实行异地移民安置。在此基础上，2010年国土资源部出台《关于进一步做好征地管理工作的通知》对安置补偿方式加以补充，鼓励推进多种安置方式相结合、优先进行农业安置、规范留地安置，以及推进被征地农民社会保障。目前，各地仍在实践和探索可行的安置补偿被征地农民的方式。

6.2　补偿方式的描述性统计分析

国家在对被征地农民的安置补偿政策中，鼓励采取一次性现金补偿之外的多元安置途径相结合，如农业生产安置、重新择业安置、入股分红安置、异地移民安置以及社会保障安置。但从调研情况来看，目前多数地区仍然采取单一的货币补偿方式，其他方式所占的比例微乎其微，上述的一些具有创新性的安置补偿方式也均未在样本地区实践。具体的补偿方式如表6-1所示，样本地区采取的安置补偿方式主要有一次性货币补偿、分期支付式货币补偿、货币+实物式补偿以及社会保障式补偿四种，其中现金补偿方式占到81.8%，社会保障方式占到13.6%，现金与实物相结合的补偿方式仅占4.5%。在现金补偿中，采用一次性现金支付补偿的占84.5%，分期支付式补偿占15.5%。这说明，一次性货币补偿方式仍在征地补偿实践中占据主导地位，针对被征地农民构建的社会保障体系只在一些地区建成并实行，覆盖面还较窄，保障率较低。现金+实物补偿方式中的实物指对被征地农民重新分配承包地（农业生产安置）以及提供就业岗位，这种方式在样本地区很少实行，仅存在于个别地区。

表6-1 样本地区安置补偿方式

征地补偿方式	江苏		吉林		四川		总体	
	数量（户）	比重（%）	数量（户）	比重（%）	数量（户）	比重（%）	数量（户）	比重（%）
现金补偿	44	68.8	21	100.0	25	100	90	81.8
一次性支付	29	65.9	21	100.0	25	100	75	84.5
分期式支付	15	34.1	0	0.0	0	0.0	15	15.5
社会保障	15	23.4	0	0.0	0	0.0	15	13.6
现金+实物补偿	5	7.8	0	0.0	0	0.0	5	4.5

资料来源：根据调查数据整理。

从分省情况来看，吉林省和四川省的样本全部采用现金补偿方式，并且基本上均为一次性支付。相比之下，江苏省的安置补偿方式较为多元化，70%的被征地农户实行现金补偿，其中一次性支付补偿款的占到65.9%，分期支付式占34.1%；23.8%的被征地农户纳入社会保障体系，被征地农户家庭成员每月可领取最低生活保障补助；而少数仅占到6.4%的现金与实物补偿相结合的方式发生在个别农村，即该农村重新调整村里承包地，被征地农户以分到部分土地和青苗补偿费而得到两方面补偿。这说明，目前被征地农民的社会保障体系已在经济发达地区初步建立，而中西部经济较为落后地区却尚未覆盖。但随着城市化进程向中西部推进，中西部地区的被征地农民也将大量增加，被征地农民社会保障体系的建立也显得更为必要和紧迫。

6.2.1　一次性现金补偿

现金补偿即货币补偿，是目前我国许多地区普遍采用的对被征地农民进行补偿的一种方式，自 1953 年制订土地标准以来一直沿用到现在。货币安置补偿方式之所以作为补偿的首选方式，是因为它与其他模式相比具有很大的优越性。首先，货币安置补偿最大的优势是操作简单，行政效率高。在政策许可的前提下，当征地方与被征地方达成一致意见后，按照政府确定的年产值和补助倍数，再根据《中华人民共和国土地管理法》的规定对土地补偿费、安置补偿费以及地上附着物和青苗补偿费四个项目计算总补偿金额，之后被征地单位十天半月就能拿到征地补偿总费用，然后由村集体制订分配方案，公示后发放到各被征地户。这整个过程几乎全由政府强制执行，执行效率高。其次，货币安置补偿可以为被征地农民提供一笔数目不小的起步资金。对于因土地征收而失去全部或大部分土地的农民，需要重新就业，另谋生活出路，想从事商业性活动的农民，比如做一些小本生意，都需要启动资金，这笔补偿资金可以用作启动资金，而且免于银行贷款的利息负担，因此，现金补偿会受到一部分农民的欢迎。

然而，现金补偿方式的弊端也很明显。这种方式最大的局限性就是利用金钱将农民的土地权利一次性买断，只考虑农民的眼前利益，对于征地后的长远利益和后续生活保障没有长期规划。对于农民来讲，补偿费是微不足道的，一般用不上几年就花尽了，更不要说将其作为长久的生活保障、养老保障，所以货币补偿方式只能"保农民一时"，不能"保农民一世"，农民失去土地的各种成本是有限的现金补偿所无法弥补的。另外，现金补偿为地方政府和村集体非法侵占农民权益提供了可乘之机。根据《中华人民共和国土地管理法实施条例》相关规定，"被征地农民只有在放弃统一安置时才能拿回个人的安置补助费"。因此，实践中安置费一般直接支付给村集体，由于没有统一的标准，村镇一级在补偿安置费的管理使用过程中经常出现分配混乱和贪腐现象，被征地农民的补偿款被层层截留、挪用、扣留等现象频有发生，农民的知情权和受补偿权遭到侵害。

在我国，现金补偿又分为一次性现金补偿和分期式现金补偿两种方式。一次性现金补偿指将全部征地补偿款项一次性发放给农民。调研中的三个样本省份均有采取一次性货币补偿对被征地农民进行安置。江苏省扬州市政府 2011 年发布《关于调整征地补偿标准的通知》对各项补偿费用标准做出明确规定。扬州市区征地标准分地段、分地类设定，根据当地经济发展状况、人民生活水平以及区位因素制定统一年产值的最低标准，地类大致分为四类：农田、菜地、建设用地和未利用地。（1）各地段、各地类的最低土地补偿费标准为：一类地区，农田 2.1 万元/亩，菜地 3 万元/亩；二类地区，农田 1.8 万元/亩，菜地 2.2 万元/亩。征收建设用地，按照征收农田补偿标准计算。征收未利用地，按照征收农田标准的 0.5 倍计算。（2）安置补助费的最低标准为：一类地区，每人 2.3 万元；二类地区，每人 1.7 万元。征收建设用地和未利用地的，不支付安置补助费。（3）青苗补助费具体标准为：麦子，一类地区 1000 元/亩，二类地区 900 元/亩；水稻，一类地区 1200 元/亩，二类地区 1100 元/亩；蔬菜，一类地区 1800 元/亩，二类地区 1500 元/亩；棉花，1000 元/亩。（4）地上附着物补偿的具体标准参照建筑物的类型、规格而定。并且征地补偿费必须在征地补偿安置方案批准之日起 3 个月内全额支付，不得分期支付。

同样，吉林省和四川省也制定了形式相同的补偿标准，对被征地农民进行一次性货币补偿，但由于经济发展水平存在差异，具体的数额有所差别。吉林省以梅河口市三合村为例，2010 年征收农田，青苗补偿费标准为 1250 元/亩，前三年平均年产值也设定为 1250 元/亩，土地补偿费为年产值的 10 倍，即 1.25 万元/亩，安置补助费按照需要安置的人数计算，转换成每亩土地的补偿，标准为平均年产值的 15 倍，即 1.875 万元/亩，因此土地补偿费和安置补助费总和为平均产值的 25 倍，即 3.125 万元/亩。但根据相关法律规定，村集体经济组织可从土地补偿款中提取不超过 20% 的费用作为集体公共积累，据此三合村集体提取了平均年产值的 2 倍留存集体，最终除青苗补偿费外，每亩土地实际得到的补偿为平均年产值的 23 倍，即 2.875 万元/亩，所有补偿款均一次性交付被征地农民。四川省以遂宁市磨盘山村为例，2012 年农田征收，青苗补偿费为 1032 元/亩，土地补偿费和安置补助费按统一年产值的 28 倍计算，年产值标准为 1720 元/亩，即 4.82 万元/亩，村集体没有提取公共积累，所有补偿费用一次性全额分配给被征地农民。

6.2.2　分期支付式现金补偿

分期支付式现金补偿属于现金补偿的另一种形式。鉴于一次性现金补偿不仅存在支付风险，还容易因被征地农民缺乏消费观念和投资观念而将补偿款在短时间内用完，个别地区采取了分期支付式现金补偿，即将补偿款分几年时间发放给被征地农民，村集体代替农民保管补偿费，从而确保农民在今后一段时间内的基本生活有所保障。

调研地区实行分期式现金补偿的样本很少，仅 16 户，说明这种补偿方式只是个别村子采取的个别形式。以江苏省徐州市跃进村为例，该村 2007 年因修建公路而征收部分农田，征地方将土地补偿费一次性发放给村集体经济组织，村集体制订补偿方案，决定将补偿款分 8 年发放给被征地农户，每户每年领取补偿款 1200 元/亩。分期式现金补偿虽然短期内可以保障农民基本生活，但仍然没从根本上解决问题，农民的长期后续生活还是无法保障。通过我们调研，很多农民对此种方式不是很认同，他们表示对村集体不信任，不放心由村里统一管理补偿款，宁愿补偿款一次性发放到自己手中，由自己保管比较安心。

6.2.3　社会保障式补偿

社会保障式补偿是指政府将征地补偿款用于为被征地农民购买社会统筹保险或商业保险，被征地农民可通过按月领取生活保障金或养老保险金的方式维持长期的基本生活，他们的生活保障被纳入社会保险体系中。同时，政府会根据被征地农民的年龄进行划分，分类安置补偿。保障资金主要来自两个方面：一是从被征地农民的土地补偿费和安置补助费中拿出一定比例；二是政府从土地收益中抽出一定比例。社会保障模式补偿的实质是"土地换保障"的过程，是短期保障和长期保障的结合。征地前农民的生活、就业与保障都是以土地为依托，农民失掉土地从某种意义上讲是为了城市的进一步发展，因此，被征地农民应该随之分享城市化带来的一系列成果。

调研中涉及社会保障模式的农户集中在江苏省，2004年镇江市针对被征地农民生活保障问题制定了《镇江市被征地农民基本生活保障办法（试行)》，并在2009年对其进行调整修订，最新一版的标准也于2014年3月出台。2009年公布的《镇江市征地补偿和被征地农民基本生活保障办法》将被征地农民年龄划分为五个年龄段，按照不同的年龄段，实行不同的保障标准：第一年龄段为16周岁以下；第二年龄段为男16周岁以上至40周岁、女16周岁以上至35周岁；第三年龄段为男40周岁以上至50周岁、女35周岁以上至45周岁；第四年龄段为男50周岁以上至60周岁、女45周岁以上至55周岁；第五年龄段为男60周岁以上、女55周岁以上。

对于第一年龄段人员，不将其纳入被征地农民社会保障体系，一次性发放生活补助费，不同地区执行不同的补助标准。京口、润州区对第一年龄段人员发放10000元/人，其他地区发放8000元/人。其他年龄段人员，如表6-2所示；第二年龄段人员每月领取相应额度的生活补助费，从实行

表6-2　　　　　　　　被征地农民基本生活保障标准　　　　　　单位：元/月

地区	年龄段	生活补助费	养老金
京口、润州	第二年龄段	215	
	第三年龄段	120	
	第四年龄段	205	
	第五年龄段	—	330
镇江新区	第二年龄段	238	
	第三年龄段	133	
	第四年龄段	227	
	第五年龄段	—	380
丹徒区	第二年龄段	70	
	第三年龄段	120	
	第四年龄段	170	
	第五年龄段	—	240

资料来源：镇江市国土资源局网站。

基本生活保障当月起，发放期限为两年，当到达养老年龄后，改为每月领取相应额度的养老金；第三和第四年龄段人员，每月领取相应额度的生活补助费，从实行基本生活保障当月起直至到达养老年龄时，到达养老年龄以后，开始每月领取相应额度的养老金；第五年龄段人员，从实行基本生活保障的当月起，每月领取相应额度的养老金。另外，被征地农民必须参加居民医疗保险，享受相应的居民医疗保险待遇。

在保障资金筹集方面，建立被征地农民基本生活保障资金专户，由被征地农民基本生活保障个人账户和社会统筹账户组成。个人账户从被征地农民获得的补偿费中筹集，提取比例为80%的土地补偿费和全部的安置补助费；社会统筹账户主要由政府筹集，政府从土地出让金等有偿收益中提取一定比例的资金。原则上，保障资金个人账户的预存资金标准为4.5万元，不足4.5万元的部分，由政府出资补贴至4.5万元，补贴部分的资金可列入征地成本；个人账户中高于4.5万元的资金部分，由劳动和社会保障部门统一办理退还给被征地农民。参加居民医疗保险应交的费用，从被征地农民的个人账户中列支。

镇江市的社会保障体系较为完善，缓解了被征地农民生活上的后顾之忧，也为他们逐步融入城市创造了有利条件，打下了良好基础。但我们也看到，目前的保障水平还是较低，相对于日益上涨的物价水平，社会保障发挥的作用微乎其微，今后应进一步提高保障水平。

6.2.4 现金 + 实物式补偿

现金 + 实物补偿中的现金指被征地农户获得的青苗补助费，实物补偿指土地征收后，村集体重新为被征地农户分配部分承包地，承包地的来源为村集体的机动地、荒废的土地或土地整理后重新获得的土地。这种方式在调研地区采用的较少，仅5户，均来自四川省元宝村。通过调查该村集体的领导，我们了解到2000年由于修建公路而征收该村少量农田，由于该村地理位置较偏僻，经济较为落后，农民对土地的依赖性高，且土地征收获得的补偿款也较少。因此，在被征地农户同意的情况下，村集体决定将青苗补偿费发放给被征地农户，而将土地补偿费留存于村集体，在全体成员间平均分配，同时将村里存有的少量机动地，联合部分荒地分配给被征地农户，从而减少土地征收对被征地农户的收入影响。我们也调查被征地农户的意见，他们认为采用此种方式可以继续从事农业生产，对生活改变不大，因此对此种方式也比较认同。

6.3 补偿方式对被征地农民受偿满意度的影响分析

根据《中华人民共和国土地管理法实施条例》的规定，原则上土地补偿费归农村集体经济组织所有，地上附着物及青苗补偿费归所有者拥有。安置补偿费用的归属取决于负责安置的对象，如需要集体经济组织安置的，安置补助费由集体经济组织管理和使用；由其他单位安置的，安置补助费发放给安置单位；不需要统一安置的，安置补助费一次性发放给被安置人员个人。按照此规定，土地补偿费和安置补助费先交由农村集体经济组织管理，再由村集体制订分配方案将补偿款发放给农民，因此按年产值倍数法计算的补偿标准并不等同于农民实际得到的补偿，农民获得的补偿支付还取决于采用的补偿方式。在此背景下，我们将被征地农民实际获得的补偿金额与补偿方式联系起来，考察不同补偿方式下农民实际获得的补偿金额对满意度的影响。另外，为了区别农民实际获得的补偿金额与《中华人民共和国土地管理法》中规定的每亩土地获得的补偿标准，这里以"补偿支付"表示农民实际获得的补偿金额。

6.3.1 模型构建

本章关注的是不同补偿方式下补偿支付对农民征地补偿满意度的影响。基本模型设定为：

$$FS_i = \gamma_0 + \sum \gamma_{1j} CP_i \times CM_{ji} + \sum \gamma_{2m} X_{mi} + \varepsilon_i \tag{6.1}$$

其中，FS_i 为离散型变量，指被调查者 i 对征地补偿的满意度；CP_i 为被调查者 i 实际获得的每亩地的补偿支付；CM_i 为被调查者 i 获得补偿的方式；

$CP_i \times CM_{ji}$ 为补偿支付与补偿方式的交叉项，表示被调查者 i 在相应的补偿方式下实际获得的补偿支付，$j=1$，2，3；X_{mi} 为被调查者 i 的其他控制变量，如农户个人信息、承包地信息、地区特征等；γ_0、γ_{1j}、γ_{2m} 为未知的系数，其中，γ_{1j} 为主要研究的目标系数；ε_i 为方程的残差项。表 6 - 3 给出了模型中使用的变量。

表 6 - 3　　　　　　　　　　　回归模型中变量的定义

变量（Y_i, X_i）	定义	均值	标准差
被解释变量			
农民对征地补偿的满意度	农民对征地补偿的态度，3 = 满意；2 = 一般；1 = 不满意	2.17	0.86
解释变量			
农户个人特征			
年龄	被调查者年龄（岁）	54.56	11.26
性别	被调查者性别，1 = 男；0 = 女	0.70	0.46
文化程度	被调查者接受正规教育年限（年）	7.10	2.86
家庭规模	被调查者家庭人口数	4.63	3.13
人均非农收入	2012 年家庭人均非农产业收入（1000 元）	8.13	7.64
农户承包地基本信息			
剩余土地份额	征地后，农户剩余承包地占之前承包地总数的比例（%）	66.80	28.11
土地块数	农户承包地的块数	4.56	3.23
$D1$	1 = 近郊区；0 = 其他	0.58	0.50
$D2$	1 = 偏远地区；0 = 其他	0.26	0.44
农地征占与补偿			
补偿支付	被征地农户实际获得的补偿数额（以 2012 年为基期，1000 元/亩）	20.01	11.37
补偿模式	补偿方式，1 = 一次性现金补偿；2 = 分期支付式现金补偿；3 = 现金补偿与承包地调整；4 = 社会保障	1.44	0.73
征地用途	土地被征占后的用途，1 = 公益用地；0 = 其他	0.77	0.42
收益变化	被调查者对征地前后收益变化的主观评价，3 = 增加；2 = 不变；1 = 减少	1.62	0.73
补偿款拖欠	1 = 发生拖欠；0 = 未拖欠	0.77	0.42

续表

变量（Y_i，X_i）	定义	均值	标准差
地区特征			
Z1	1 = 东部；0 = 其他	0.55	0.50
Z2	1 = 西部；0 = 其他	0.25	0.43
时间趋势			
T	1 = 征地发生在最近 6 年内；0 = 其他年份	0.50	0.50

资料来源：根据调查数据整理。

6.3.2 变量选取与假设

1. 补偿支付 × 补偿方式

本研究中的补偿支付指被征地农民实际得到的补偿款。由于补偿支付受补偿方式的影响，补偿方式通过补偿支付对农民满意度产生效应，因此，在模型中引入二者的交叉项来测量补偿方式的间接影响。我们注意到，不同的补偿方式导致补偿金额的量度单位不一致，如采用一次性现金补偿方式的补偿金额单位为"元/亩"；采用分期式现金补偿方式的补偿金额为"元/人·年"；采用社会保障方式的又为"元/人·月"；而采用现金+实物方式中的实物补偿，如调整承包地则无法换算成货币衡量。因此，为进行数量上的比较，我们将补偿金额的计量口径统一为"元/亩"。对于分期式现金补偿，根据相应的补偿期限和历年的膨胀率（见第 5 章表 5 - 2），将每一年的补偿款累积折算成 2012 年（基期）的一次性补偿金额；对于社会保障，先通过家庭人口数、劳动力数、人口平均预期寿命（第六次全国人口普查为 75 岁）和估计的贴现率（2000～2013 年平均通货膨胀率为 2.33%）推算征地当年家庭人口获得的补偿总额，再除以征占土地面积，得到每亩土地的补偿数额；对于涉及承包地调整的样本，由于土地的价值无法转换成货币形式，将其予以剔除。

考虑到样本的征地时间发生在不同年份，而问卷中涉及农户的基本信息均以 2012 年为主，因此模型选取 2012 年为基期，统一口径后的各年份补偿支付再根据历年的通货膨胀率（见表 5 - 2）进行贴现转化为 2012 年基期的数额。最后，基于三种补偿方式产生三个交叉变量，即

"补偿支付×一次性现金补偿""补偿支付×分期式现金补偿""补偿支付×社会保障式补偿"。王心良（2011）采用文献计量学方法，检索和分析了 44 篇以征地补偿矛盾为研究内容的文献，总结了影响农民征地补偿不满意的因素中补偿标准和补偿模式均为重要原因。因此，本研究假设补偿支付与补偿方式的交叉项对农民征地补偿满意度有影响。

2. 其他征地补偿变量

本章模型中的控制变量与第 5 章的变量一致，因此，变量的定义及解释请见第 5 章，此处不做详细介绍，仅给出研究假设。

假设 1：征地用途与被征地农民受偿满意度正相关。

假设 2：补偿款存在拖欠行为与被征地农民受偿满意度负相关。

假设 3：征地后收益变化与被征地农民受偿满意度正相关。

3. 农户个人及家庭特征

假设 1：被调查者年龄与被征地农民受偿满意度呈非线性相关。

假设 2：被调查者性别影响被征地农民征地受偿满意度。

假设 3：被调查者受教育程度影响被征地农民受偿满意度。

假设 4：家庭规模与被征地农民受偿满意度负相关。

假设 5：家庭人均非农收入与被征地农民受偿满意度正相关。

4. 土地禀赋特征

假设 1：土地块数与被征地农民受偿满意度正相关。

假设 2：剩余土地份额与被征地农民受偿满意度正相关。

假设 3：征地区位影响被征地农民受偿满意度。

5. 时间和经济因素

假设 1：经济发展水平与被征地农民受偿满意度正相关。

假设 2：征地时间影响被征地农民受偿满意度。

6.3.3 结果分析

本研究关注的被解释变量——农民对征地补偿的满意度是一个有序分类变量,这一变量取值为3、2、1时分别表示满意、一般和不满意,因此我们选取多元有序概率模型(ordered Probit model)进行回归。考虑到回归的样本在农户层面上,同一个村的农户之间回归模型的误差存在相关的可能性,在回归时我们对标准误以村级集群进行了校正。如前所述,为便于量化分析,模型剔除涉及承包地重新调整的5个样本,表6-4显示了对105个样本回归的结果。

表6-4　　　　　基本回归方程结果(多元有序概率模型)

被解释变量:农民满意度	(1)	(2)	(3)	(4)
主要解释变量				
补偿支付×补偿方式				
补偿支付×一次性现金补偿	-0.0157 (0.0128)	0.0178 (0.0187)	0.0276 (0.0187)	0.0221 (0.0216)
补偿支付×分期式现金补偿	-0.0892 ** (0.0412)	0.0051 (0.0441)	-0.0160 (0.0425)	-0.0125 (0.0516)
补偿支付×社会保障式补偿	-0.0369 *** (0.0107)	0.0315 ** (0.0150)	0.0341 ** (0.0136)	0.0295 ** (0.0149)
控制变量				
地区变量(参照组:中部)				
Z1(东部)		1.0873 * (0.5663)	1.3476 *** (0.4772)	0.9180 (0.7389)
Z2(西部)		1.2564 ** (0.5350)	1.3080 *** (0.4638)	1.0492 ** (0.5256)
时间变量(参照组:其他年份)				
征地补偿发生在最近6年内		-0.4914 ** (0.2253)	-0.4338 * (0.2736)	-0.5692 ** (0.2840)
人均非农收入		-0.2005 *** (0.0203)	-0.2119 *** (0.0165)	-0.2146 *** (0.0261)

续表

被解释变量：农民满意度	(1)	(2)	(3)	(4)
征地用途（参照组：非公益性用地）				
公益性用地				0.0741 (0.4750)
收益变化				0.0195 (0.2046)
补偿款拖欠（参照组：无拖欠）				
拖欠				0.525 (0.5953)
年龄			0.03608 *** (0.0079)	0.0369 *** (0.0112)
性别				0.4582 (0.3760)
文化程度				− 0.0215 (0.0642)
剩余土地份额			0.0111 * (0.0065)	0.0055 (0.0071)
地块数				0.0481 (0.0541)
土地区位（参照组：中间地区）				
D1（近郊区）				0.0974 (0.7454)
D2（偏远地区）				− 0.1531 (0.5482)
N	105	105	105	105
Pseudo R^2	0.0611	0.3708	0.4220	0.4412

注：① 括号内标注为稳健的标准差。标准差显示为村级。
② * 代表10% 显著性水平；** 代表5% 显著性水平；*** 代表1% 显著性水平。

如表6-4中第（1）列所示，我们首先将三个交叉变量放入模型中回归，考察三种模式下农民实际获得的补偿支付对征地补偿满意度的影响，结果显示分期式现金补偿方式下的补偿支付与社会保障方式下的补偿支付分别在5%显著性水平和1%显著性水平下显著为负。这说明，分期式现金补偿和社会保障式补偿对农民满意度存在影响，但影响是负向的，即采用这两种补偿方式时，增加补偿数额反而有可能降低农民的满意度，这同第5章补偿标准变量单独回归的结果一样。为此，我们在模型中逐个加入变量，如经济水平、时间趋势方面的变量，以达到控制土地市场价格可能带来的影响。如表 6-4 中第（2）列所示，同样地，当模型中加入地区变量、时间变量和人均非农收入变量后，三个交叉变量的符号由负转正，且社会保障方式下的补偿支付在 5% 的显著性水平上显著为正。这表明，当采用社会保障方式进行补偿时，补偿数额越高，农民满意度越有可能提高。而采用一次性或分期式的现金补偿方式，当增加补偿金额时，提高农民满意度的概率不确定。这一结果与有些学者的观点一致。孔祥智和王志强（2004）认为，当前实行的货币补偿方式基本上没有起到安置作用，而社会保障模式的安置补偿是对被征地农民失去土地之后得到分期补偿、长久保障的一种承诺，是让他们安心生活的重要办法（周其仁，2004）。因此得出，在控制住经济因素和时间因素影响的条件下，三种补偿模式中，采用社会保障方式进行补偿时，补偿金额越高，农民满意的可能性越大。

关于控制变量，如表 6-4 中第（2）列所示，时间变量、地区变量以及人均非农收入变量的显著性同第 5 章模型的结果保持一致，说明加入补偿方式后并未对这三个变量产生很大的影响。具体来看，时间变量在 5% 的水平上显著为负，与研究假设一致，即近年来虽然土地补偿标准不断提高，但相比之下，土地征收后的市场价格更高，并且二者的差距随着时间的变化不断加大，所以最近 6 年与之前年份相比，农民的满意度更有可能下降。地区变量 $Z1$ 与 $Z2$ 分别在 10% 与 5% 的水平上显著，且系数符号均为正，即 $Z1$ 与研究假设一致，而 $Z2$ 与假设相悖。$Z2$ 与假设相悖的原因为西部地区的土地质量差，细碎化严重，农业生产率低，导致农民不愿意耕种，反而更愿意土地被征收获得补偿。人均非农收入变量对满意度的影响仍然非常显著，即在 1% 的水平上显著为负，分析认为其与研究假设相悖的原因为两个相反影响共同作用的结果：一方面，家庭人均非农收入越多，对农业的依赖性越低，农民越有可能愿意征地；另一方面，非农收入越高，在一定程度上体现当地经济发展水平越高，则农用地转为非农用地后的市场价格也越高，相比之下，补偿水平显得更低，二者的差距加大，农民对补偿的满意度越低。因此，第二种作用的效果更大，导致人均非农收入的系数符号为负。

接下来，我们将余下的控制变量逐个加入模型中，筛选出其他对满意度有影响的因素。如表 6－4 中第（3）列所示，农民年龄在 1% 的显著性水平上显著为正，即农民的年龄越大，对征地补偿的满意度越高，这与第 5 章的模型结果一致，说明当农民年轻力壮时，具备较强的就业技能，有更多机会从事非农就业，土地征收不会对其生活方式产生重大影响，随着年龄增长在一定范围内，获得的补偿款越多，其对征地补偿满意程度可能越高。而剩余土地份额在 10% 的水平上显著，且系数符号均为正，这与第 5 章的结果有所不同，第 5 章中剩余土地份额变量对满意度没有显著影响。剩余土地份额变量的情况则与假设一致，即依据效用理论，剩余份额越多，家庭失地比例越低，剩余土地面积越大，单位土地对于农民的效用越小，农民转让土地的倾向越高，其受偿价格越低，则农民对补偿的满意度可能越高。

最后，当全部控制变量加入模型中时，结果如表 6－4 中第（4）列所示。我们关注的主要变量采用社会保障方式的补偿支付对农民满意度的影响仍然显著为正，时间变量、人均非农收入变量、年龄变量和西部地区变量的显著性也保持不变，但原来显著的东部地区变量 Z1 与征地用途变量不再显著，原因可能是这两个变量受到其他因素的影响降低了显著性。

6.4　典型案例剖析

征地安置途径的实践探索——以洛阳新区为例

河南省洛阳新区建设是洛阳市委、市政府提出的"以洛河为轴线，南北对应发展"现代化洛阳之战略决策的具体实施。在征地拆迁过程中，洛阳新区针对区域特点以及被征地农民存在的现实问题，广泛征求和听取失地农民和社会各方意见，充分考虑农民今后的生产、生活与发展，制定了"就业安置、返还地安置、纳入社保"等多种征地安置途径，从根本上解决其生产、生活出路等切实问题，也为其他地区城市化进程中的征地安置工作积累了经验。

1. 就业安置

由于失地农民身份的转移，如何帮助其尽快融入城市，保证稳定生活来源，就业安置首当其选。为此，本着"一户至少一人就业"的原则，制定"政府指导就业，培训促进就业，个人自主择业"的各项措施。建立失地农民就业档案，积极协调入驻企业争取用工岗位，现已有2100余人通过企业安置的渠道就业；制订《失地农民培训方案》，创办"新区失地农民培训学校"，结合市场供求关系和个人具体情况，实行订单式定向培训。现已举办多期社区服务、市场营销、环卫保洁等专业技能培训班，组织受训人员到区内各行业单位应聘，据初步统计，有近6000人走上就业岗位；出台了《洛阳新区征地拆迁村民劳务工作管理暂行办法》，在同等条件下，优先让被征地农民在各建设项目中参与劳务，增加收入。

2. 返还地安置

对于被征地的农村集体经济组织和农民而言，给其留下一片生存发展空间显得尤为重要。这也是在与农村干部群众接触中听到议论最频繁的问题。为此，在新区的征地工作中，政府决定采取"返还地"的安置政策，以村集体为单位，按征地面积15%的比例进行返还。各办事处、社区按照统一规划，建设民营商业区等，为失地农民创建相对集中的生产经营场所，使他们逐渐完成向第三产业的转移，以保障被征地者基本生存转向促进发展，不断提高其生活幸福感，为引导被征地农民支持洛阳新区开发起到了关键作用。

3. 货币安置

洛阳新区首期建设应补偿给被征地集体和个人的征地拆迁资金近10亿元。根据有关法律法规，确立了"个人补偿资金兑付到人，集体补偿资金告知到人，土地补偿资金量化到人"的货币安置原则，土地补偿费大部分量化兑付到农民个人，鼓励其统一组织、集中投资于区内前景看好的高效项目和企业，享受分红，长期受益；留归农民集体组织的土地补偿费等，主要用于今后公益事业的建设与发展，并按照"严格管理，民主理财，集体决策，定期公布"等原则，健全资金利用制度，接受上级有关部门和群众的监督。

4. 居住安置

依据新区规划，农民安置将采取集中分片、新型城市社区化管理，按照使农民逐步转变为市民的原则进行实施。对于农民安置房建设，政府主要采取"先建后拆"的模式，对失地农民进行妥善的住房安置。当地农民每人可享受30平方米价格为建筑成本的安置房。按照规划，共建设10余个安置小区，现住宅及其配套工程、8所中小学校和3所中心医院建设已竣工使用。

5. 校地合作收益安置

洛阳新区范围内规划建设多所高校。高校建设需要资金，而高校后勤服务社会化也正好给新区内被征地群众提供了机会。于是，由洛龙区政府牵线，待建高校与部分被征地群众集体自愿合作，被征地农民以集体经济组织的名义将部分征地补偿资金2.2亿元投入高校后勤服务建设，高校则逐年按照投入资金的10%向被征地农民支付收益，期限20年。计算下来，前10年相关被征地农民每年人均可获取利息1000元左右，后10年高校还本付息。此项措施既使各高校减轻了安置资金和建设资金的双重压力，又使被征地农民的收益有了长远可靠的保障。

6. 纳入社会保障

通过调查，区内无劳动能力的老弱病残者占5%左右。为解除他们的后顾之忧，将其纳入政府管理，尽快建立社会保障机制。从2009年开始，洛龙区就把70周岁以上失地农民参加新型农村合作医疗的费用，全部纳入政府保障范围。为进一步完善居民养老保障体系，2011年初，洛龙区又出台了《被征地农民基本生活保障试行办法》，所有在新区开发建设以后，因政府征收农村集体土地使人均占有耕地不足0.3亩的村庄，村民60周岁以后最少享受国家最低生活保障金280元/人·月，该项政策使3.2万多名老人受益。目前，洛龙区已建立动态数据库，对辖区内老人做到应保尽保，使其"老有所养"。

6.5 本章小结

首先，本章对文献资料中关于征地补偿方式的研究进行梳理，发现已有文献对农民的补偿收益和补偿方式的研究都很多，但是并没有注意到两者之间存在的紧密关系，而将二者联系起来进行研究。在此背景下，本章建立了农民实际获得的补偿收益与补偿方式的交叉项，研究了不同补偿方式下农民实际获得的补偿支付对农民征地补偿满意度的影响。

其次，本章对调研中涉及的四种补偿方式，即一次性现金补偿、分期支付式现金补偿、社会保障式补偿以及现金＋实物补偿，进行了实证分析，对每种方式提供典型案例加以分析说明。

最后，本章对不同补偿方式下农民实际获得的补偿支付进行计量分析。根据预期收益和贴现法，将不同征地年份、不同补偿方式下、不同计量单位的补偿标准转化成相应补偿方式下同一基期内每亩土地上农户实际获得的补偿支付。基于补偿方式与补偿支付的交互影响，我们在模型中引入二者的三个交叉项，重点考察一次性现金补偿、分期支付式现金补偿和社会保障三种方式下的补偿支付对农民满意度的影响。通过多元有序概率模型回归，我们发现，通过控制经济因素和时间因素，采用社会保障方式的补偿支付与农民满意度呈显著正相关，即采取社会保障方式对农民进行补偿时，补偿数额越高，农民满意度越高；而现金式补偿支付对农民满意度没有显著影响。这说明，对于大多数被征地农民，失去土地意味着失去未来的生活保障，土地换社保模式是对土地保险功能的一种置换，保障了农民的长期利益，获得农民更多选择偏好。

第7章

国外土地征收补偿制度的经验与启示

7.1 欧美国家征地补偿制度的经验

欧美发达国家工业化进行得早，目前已进入城市化的平稳发展阶段，土地征收补偿制度随之不断演进，运行稳定，成熟合理。虽然这些国家大多是资本主义制度，实行市场经济，所有权方面以私有制为主，土地权属方面也为土地私有制，这与我国的情形差异很大，但无论这些国家对私有的土地的征收还是我国对集体所有土地的征收，最终都是将土地变为国家所有。因此，分析欧美发达国家的征地补偿制度，汲取有益经验予以借鉴，对于完善我国土地征收制度具有重要意义。

7.1.1 英国

英国在第二次工业革命之后，工业和交通业迅速发展，大量土地被用于陆路运输、水路运输等公共基础设施建设，为了维护征地规范进行，英国政府开始将征地行为纳入法律。英国最早的土地征用政策是 1845 年的《土地条款统一法》，到 2004 年《规划与强制性购买法》，英国的土地征收制度经历了一个半世纪的发展，共颁布了 9 部关于土地征收的法律，目前英国的征地制度已经发展到了比较完善的阶段。英国大部分的公共事业都已经私人化，因此，英国的征地范围并不限于公共利益，强制购买权既可为公共利益服务，也可以为私人用途服务。《规划与强制性购买法》规定，城市开发项目只要能够促进当地的经济、社会、环境的发展，均可使用强制购买权。

英国的土地征收程序主要分为以下五个步骤：（1）用地申请阶段。土地征收的政府部门、地方政府或是其他征用者向当地征地主管部门提出购地申请。（2）征地通告阶段。描述被征土地详情并将征地通告登报两周时间，同时根据法律规定，征地者要提前向所有与被征用土地有关的土地所有人、租户和居住人通报消息。（3）审批听证阶段。政府主管机构收到相关文件以后，要征求土地所有人的相关意见。如果土地所有人对于征地有不同意见，有关审批部门就必须公开举办听证大会，与征地有关系的人员都必须出席，并要依据听证会上听证员所出示的报告做出是否同意征地的决议。如果会议结果是通过审批，主管单位才开始发布征地令；如果当事人对会议的结果有不同意见，就要通过法律途径到当地法院进行最终的裁定。（4）补偿议定裁决阶段。主要由征地方和土地所有人以及由于征地涉及自身利益的相关人员共同商议决定或由法院裁定。（5）征地者入地阶段。土地所有者与征地者签订征地合同，征地方在支付约定的补偿金额后，获得土地。

英国征地补偿的范围和标准为：（1）土地（包括房屋）的补偿。土地或房屋的补偿价格是按照当地市场的出售价格作为标准的，如果这块被征地或房屋由于被用于公共项目而造成地价大幅上涨，原则上补偿的费用是不包括这部分上涨的（一些合理的价格上涨是可以被考虑的）。（2）残留土地的善后处理。（3）长期出租的补偿。补偿标准是出租合同到期之前的剩余价值以及由于征地带来的损坏赔偿。（4）承担搬迁费用、个人经营损失费等。假如甲已经在这块土地上经营了5年的牧场，而由于被征收失去这种经营权，那么他就可以要求得到额外经营损失补偿费用，但条件是他必须在5年之内在英国境内再经营另一块牧场。（5）无土地征收情况下的补偿。由于征地这一事件波及临近土地而受到影响，土地的所有人也可以得到征地补偿。这又具体分为两种情形：一是在征地阶段或是在日后土地改建的过程中导致临近土地的损坏或是土地价格贬值，那么土地所有人会得到与土地贬值之前与贬值后的差价作为补偿，但是补偿的金额要在发生损坏的当天由专业人员进行估价；二是在土地被征改建投入运营之后，比如将被征土地改为公共娱乐场所给附近的土地带来空气污染、噪声污染等诸如此类的损害，这时也可以得到征地补偿，同样，补偿的金额也要在申请补偿当日由专业人员进行估价。（6）其他必要费用支出的补偿。

7.1.2 美国

美国拥有十分丰富的农用地资源，其中耕地面积为18817万公顷，约占国土面积的20%，是中国的两倍，人均耕地面积接近0.72公顷，是我国的10倍。每年虽因建设用地占去大量耕地，但由于美国的土地资源丰富，增加的非农业用地面积对农用地整体影响较小，耕地资源仍处于富足状态。即使如此，美国仍采取一些办法限制农业用地向城市用地转化，保护土地所有者的利益。美国的土地私有化程度很高，土地分属联邦政府和州政府管理，联邦、州、县级政府都有土地征收权。土地征收在美国被称为"最高土地权的行使"。1971年生效的《美国联邦宪法》规定，只有在限于公共目的并具备合理补偿的条件下，政府及有关机构才能行使土地征收权。

美国对公共目的给予了一般原则性规定，并无明确的公共利益用地清单。从美国法律可看出，公共利益用地由美国政府提案，最终是否符合公共利益则由司法机构进行裁定。《美国联邦土地政策管理法》规定，政府有权通过征收的方式获得各种土地。美国的土地征收以公平补偿为原则，以公平市场价值为标准，即交易双方在自愿、信息充分条件下进行自由买卖；除公平市场价值这一补偿原则外，美国各级法院在判例中还根据"衡平法"的原则发展出一些其他的补偿规则。美国的征地补偿不仅体现土地的现有价值，还要体现被征土地可预见的未来价值，同时要充分考虑土地所有者的利益，规定补偿必须考虑因征收导致邻近土地所有者经营上的损失。另外，还会给被征收者一定的税收优惠，而私自出售土地将被课以高额税收，这使土地所有者更愿意土地被征收而不是在市场上私自出售。由于实行完全的商品化，美国的土地征收实际上就是对土地的购买，是一种完全的市场行为。美国征地实践中，征地行为必须符合公共利益的需求，否则，被征地人可以提请法院裁决该征地行为无效，从而最大限度地杜绝了违规征地现象。

征收补偿方式方面，美国虽然没有规定，但由于货币作为一般等价物，货币补偿具有操作简单、易于衡量、交易成本低等特点，美国绝大多数是以货币补偿为原则。美国宪法规定："禁止各州不经正当法律程序剥夺任何人的生命、自由或财产，或在州管辖范围内拒绝给予任何人平等的法律保护。"由于土地征收是对私人财产的征收，关于私人财产的案件审理会由法院审理裁定，给予财产所有人法律保护，因此，不论产权人对征收范围的上诉还是征地补偿款标准的上诉，法院必须受理。美国的监察专员制度在征地中也发挥着重要作用，监察专员没有法律赋予的执法权，但监察专员作为第三方具有类似媒体的能力，可通过调查走访、发表建议和公布调查结果来监督征地中的不合理行为，以保护产权人的合法权益。同时，监察专员通过提供免费咨询、调节的方式，以第三方中立的身份作为土地产权人与征地机构的沟通媒介，提高了征地效率，减少了征地矛盾的发生。

7.1.3 德国

德国的土地所有权绝大部分归私人所有，也有一部分归国家、州、市镇所有。德国通常从最佳利用土地、调节土地供给、进行城市再开发等角度积极实施土地征收，并将其作为实现土地利用规划的重要手段。德国的《联邦建筑法》是德国最为重要的有关土地征收的法律。

德国基本法中规定：财产的征收必须为公共福利始得为之。说明德国土地征收的目的同样是为了公共事业。又规定：公益征地按照市场价格进行补偿。根据德国《联邦建筑法》的规定，德国的征地补偿范围主要有实体损失补偿、其他财产损失补偿与负担损失补偿三种。实体损失补偿指的是对被征收土地本身及其他被征收的"标的的价值"的补偿。其他财产损失补偿指除实体损失补偿外，土地所有权人仍有的损失补偿，包括：（1）对目前财产权人的职业、营业能力以及其欲达成的工作造成暂时持续性的损害，但这种损失额以不超过在另一块土地上造成与目前同等利用所需的花费为限；（2）因征收使征收剩余的土地或是使与征收土地有空间及经济上密切关联的财产权产生价值上的减损；（3）因迁居所引起的必要的迁徙费用。负担补偿主要是指因征收而解除的租赁契约，或是该契约的解除（或中止）是因为该房屋即将被整建或是强制更新以致无人承租或是致使闲置无用，这将使财产权人短暂地失去租金收入，应给予补偿；以及承租人因此被解约，必须迁居以及暂时另觅居处而所需迁徙费等的损失，包括在特别负担的范围之内。

　　关于土地征收补偿标准，《联邦建筑法》第 95 条规定，实体损失的补偿标准是征收官署决定征收计划时的"市价"；第 142 条规定，所谓市价是指在通常交易情况下，该被征收的土地与其他标的具有的法律权利、事实特征、其他状况及其所在的地点所具有的价值；特殊与个人关系，在计算该被征收土地与其他标的时不予以考虑。对于其他损失的补偿标准，如营业损失的补偿最高额，不能超过将另一块土地重建为原来品质的必要花费，也就是不能超过重建费用；残余地的补偿，依照德国法院实务，若是对于已征收部分的市价补偿已经超过原有整块土地实际价值很多的时候，就不可以另外提起独立的残余地补偿。这是因为德国自帝国法院时代就采取所谓的差额计算法，这种计算法是将整块不动产在征收前的市价减去部分征收后剩余土地的市价所得的差额，便是应支付的已征收部分土地的补偿费与剩余土地所失利益的总和；迁徙费的补偿主要包括营业体在迁徙过程中必要的开销，诸如运费、保险费、人员安置费、找寻店面的费用以及装修费用等。

7.2　亚洲国家征地补偿制度的经验

7.2.1　日本

　　日本国土面积狭小，可征用土地范围有限。保护土地资源，严格控制建设用地规模的扩大，成为土地征收过程中所要考虑的关键问题。日本 1950～1960 年是城市化最快的时期，同时也是耕地大量增长的时期。在日本城市化进程中，农地制度改革对保障农民权益发挥了重要作用。

1. 征地补偿原则

征地补偿不仅对原土地所有人至关重要，也是确保土地征收顺利进行的必要条件。征地补偿是对私人财产权等在征地过程中遭受的损失进行的一种赔偿，这种行为既保证了公共利益，同时又尊重了私人财产权。因此，在进行征地补偿时，为了体现尊重和平等，除支付土地的市场价格外，对一些直接或间接损失也必须进行赔偿。日本最早的征地补偿规定为1876年制定的《公用土地征购规则》（以下简称《征购规则》）。《征购规则》是明治政府为满足公共用地而强制性取得私人土地所制定的法规，规定对原土地所有人的补偿按照地券所示价格进行。但在实际操作中，地券所示价格并不能很好地反映土地实际价值，也不能很好地维护原土地所有者的权益，故施行不久即废止。具有现代意义的征收补偿始于1889年的《明治宪法》，提出了"完全补偿"的原则。日本的《土地征用法》在第二次世界大战前的实行过程中存在所有权和补偿金分离、执行手续简单、私人权益得不到保障等问题。因此，1946年，"正当补偿"原则被写进了《日本国宪法》第29条第3款。其基本含义是，土地的征收行为导致土地的使用受限，从而对私人造成财产上的实质性损失。对这部分损失，必须予以正当补偿，这推动了《土地征用法》的修改。根据2001年日本最新修订的《土地征用法》，政府征收土地必须经过严格的程序审查，否则该行为就被认定为无效。

在以上补偿原则的指导下，关于具体的补偿方式，日本曾将金钱补偿作为唯一的方式，不承认现物补偿。随后在借鉴德国等国家的经验后，规定以金钱补偿为原则，现物补偿为例外。所谓的现物补偿方式，在实践中主要有代替地补偿、耕地造成补偿、工事代行补偿、现物给付等。

2. 征地补偿范围

日本《土地征用法》规定，征地补偿的范围仅限对被征收财产自身在征收过程中遭受的损失进行补偿，主要包括五个方面：（1）征用损失赔偿。土地被征用所造成的直接或间接经济价值的损失。（2）征用土地造成的通损损失。即对权利人因土地征收而受到的附带性损失。（3）非征地者或少数残存者的损失。主要指被影响所造成的损失。（4）离职者赔偿。土地权利者的雇佣人员因土地被征用而失业，应当给予赔偿。（5）项目造成的事业损失。因公共事业建设而对周围环境造成的破坏，补偿金额从该公益事业建设公告之日算起，参照附近类似土地价格，并考虑截至取得权利之日期间的物价变动因素，得出最终价格，以后价格有何变动差额不再追加。补偿方法除了现金补偿外，还有替代地补偿。

3. 征地补偿标准

目前日本依据相当补偿的标准来确定土地征用的补偿，但对土地的赔偿费则以完全补偿的标准来确定。依据日本《土地征用法》第71条规定，在确定补偿的标准时，先以被征用土地近旁类似土地的价格计算出被征用土地的相当价格，此价格在公用事业认定后进行告示。然后，征用权利获得时开始直到裁决时为止这段时间内，对被征收土地物价变动赋予一个修正系数，将其乘以先前公示的相当价格，所得数额即为补偿标准。1962年，在《伴随公共用地的取得的损失补偿基准纲要》中进一步将征用土地过程中的交易额定为补偿额，此数额的计算始于契约缔结时。

7.2.2　韩国

在韩国，征地补偿属于行政补偿范畴，而且具有典型性。相关法律在解释其重要性时指出，土地征收行为是由相应的公益事业引起的，并对拥有土地的国民造成了特别的损害，所以应该由国家或者施事的主体对相应的损失进行补偿。韩国于1962年制定了《土地征收补偿法》，用于通过规定公益事业必要的土地征收和征用的相关事项，调节公共福利的增进与私有财产权保障的关系。韩国相关法律在界定土地征收补偿制度时的内容涵盖：补偿行为的发生必可归因为相应的公益事业，补偿行为的引起是因为在法律规定的范围内行使公权力，而且这种补偿行为一定是针对被征地人在遭受了征地带来的"特别损害"后造成的财产上的损失。

韩国的征地补偿范围包括两个方面：一是对财产权的补偿。当对征地带来的个别的、具体的损失进行补偿时，就是对财产权的补偿，主要包括：土地所有权的损失、土地使用权的损失。二是对生活权的补偿。与财产权相对应的生活权是指，被征用人或者被征收人维持征地行为发生之前的生活状态的权利。为了保障或维持这种生活状态所进行的补偿就是对生活权的补偿。生活权不属于法学界的概念，而是在学术界提出来的。众多学者指出，为了进行相应的公益事业而使一部分国民丧失了土地，丧失了生活收入的来源，这种损失具有长期性和不确定性，其通常会大于明确的财产权的损失，所以一定要对此进行补偿，以使征地的补偿具有"正当"性。为此，韩国《土地征收补偿法》规定的对土地以外的财产权的损失、搬迁费、移植费等实际费用的支出、停止营业或休业带来的遗失、损失等进行的补偿，就属于对生活权的补偿。韩国的征地补偿标准基于两个方面考虑：首先，确定补偿额的基准，即补偿的价格起点。韩国《土地征收补偿法》第 67 条规定，补偿价格起点的确定要根据土地取得方式进行计算。具体来说，如果土地的取得是通过当事人签订协议的形式，则基准价格即为协议当时的价格；如果土地的取得是通过裁决，则以征收或征用时的价格为基准。其次，确定补偿额。韩国土地征收补偿额的确定是以公示地价为标准。韩国《土地征收补偿法》第 70 条规定，若土地的取得是通过签订协议或裁决取得，补偿额则以《关于不动产价格公示及鉴定评价的法律》的标准公示地价作为标准。最后，确定补偿价格时，还应考虑其他一些因素。如对获得土地所有权的征地行为的补偿，补偿价格的确定应具体考虑从公示之日起征地行为可能引起的地区地价的变动、生产物资价格上升等情况。除此之外，韩国《土地征收补偿法》还详细规定了对征收土地的使用权，以及给土地上附着物带来的损失的补偿原则和标准。

7.2.3 印度

印度高度重视土地征收行为。1984 年，印度制定了关于土地征收的联邦性法律——《土地征收法》，对征地的补偿原则、补偿标准及补偿范围进行了严格、全面的规定。

1. 征地补偿原则

印度《土地征收法》规定，征地补偿的获得人是法律规定对土地拥有所有权或者对土地拥有实质所有权的个人，只有当个人对一项资产拥有法律正式授予的所有权时，才能得到相应的补偿标准。土地征收补偿的"利益人"即法律规定对土地拥有所有权或者对土地拥有实质所有权的个人，他们对征地补偿享受无条件获得的权利。而且，对于土地所有者，即便他们不亲自主张自己的利益，也可以依据相关法律推定其为"利益人"。但在印度特定的土地制度下，《土地征收法》明确规定无地雇农、技工以及林地工作人员不属于"利益人"。所以，这部分人所使用的土地在被征收的情况下，并不能对其遭受的损失申请任何补偿。

2. 征地补偿范围

根据《土地征收法》，当政府出于公共目的需征收土地时，必须告知土地的"利益人"，并给予征地补偿。由于印度特定的土地制度，"土地"的概念里不仅包括附着在土地上之物，还包括通过土地的所有权可获得的合法利益。除对被征收土地的所有权人进行补偿外，《土地征收法》还规定对失去如牧地、森林等共有财产资源的人也必须给予赔偿，这主要是由印度特定的国情决定的。在印度农村地区，贫困人群的生活来源主要是共有财产资源。虽然这些共用资源的所有权多归属于村庄或者国家，但按照约定俗成的习惯，贫困人口对共有公共资源享受所有权。征地将使其失去生活来源，所以对这一部分也必须进行赔偿。

3. 征地补偿标准

一般情况下，征地补偿的数额是在估算的土地市场价值的基础上，再加上市值的30%，以及征地损失赔偿、搬迁费、利息等。市值的估算以征地造成的损失为基础，浮动很大，也很不准确，这也是印度征地补偿制度遭到诟病的原因之一。《土地征收法》对额外补偿30%市值的解释是，由于土地的征收具有强制性特点，因而应给予"利益人"额外的补偿。关于土地征收的损失赔偿部分，主要包括因土地被征收造成的地上农作物或树木的损失、征地过程中对个人财务或者房地产造成的损失、征地后带来的原土地所有人收入减少的部分、从征收公告始至征收人获得所有权的期间内给土地带来的减产或者收益的减少，这几部分都归为征地造成的损失，应该予以赔偿。

（7.3） 国外经验对中国征地补偿制度的启示

7.3.1 强化立法保障

一是参照国外的土地征收补偿法规，结合中国的实际情况，修改现行的土地管理法，并制定专门的土地征收法，严格规范土地征收补偿行为，使补偿标准更明确、补偿形式更合理；同时，规范土地征收补偿程序，建立土地价格评估制度和征地补偿方案听证、审批制度，征地补偿民主决策制度，征地补偿争议司法救济制度等程序制度。二是改变多部门各自立法的模式，建立统一的中性立法机构，避免职能部门立法时的自我利益倾向，最大限度地体现法律的内外协调性、严谨性、全局性、公正性和公开性。三是更新立法理念，贯彻私权保护原则。将公权的行使严格限定在法定范围内，防止其任意扩张侵犯私权领域。

7.3.2 确定合理的征地补偿标准

首先，合理确定补偿范围。目前我国的土地补偿范围过窄，根据现代征收补偿理论，征收补偿范围应包括因征收而直接造成的一切财产损失。借鉴国外的有关补偿理论，我国的土地征收补偿应该包括两部分：土地征收费和土地赔偿费。土地征收费以被征收土地的"公平市场价格"来确定；土地赔偿则要充分考虑被征地者的生存发展权，增加土地经营损失补偿和残地补偿，甚至还要包括非经济损失，如新的生活环境上的不适应、精神上的痛苦等。

其次，依据市场价格确定补偿标准。征地补偿费是国家为了获得公益性建设用地而将集体土地征为国有土地时支付给集体经济组织和农民的补偿费，它是农地所有权转移的价格。根据不完全补偿的原则，设置土地补偿费、青苗及建筑物、构筑物补偿费、残地补偿费等主要补偿项目，将劳动力安置补助费合并到土地补偿费项目中。这些项目的补偿价格参照当前土地市场的价格，按照最优利用的原则确定。

7.3.3　建立公开公正的征地程序

其一，增设公益目的的认证审查程序。在征收公益目的认定方面，我国缺乏相应的程序规定。制定了征地清单后，要严格按"公共利益"清单所列，对征地项目的公益性进行认证。审批机构应在听取相关土地管理者、相关机构、有关专家的意见后，召开听证会，在听取群众意见的基础上，将申请书和附件的副本送还到项目所在地，向项目所在地的公众公布材料，供公众自由阅览，听取各方面的意见。

其二，被征土地权利人参与征地，强化监督程序，增加征地行为的透明度。引进被征收土地权利人参与土地征收过程的程序，充分保障征地相关权利人的参与权，保护原土地权利人的权利，防止征收权的滥用。尤其应允许被征收土地权利人参与土地征收赔偿的确定过程。通过公告、反馈意见、公众（特别是农民）参与、公开查询、举行征地听证会及建立举报制度，加强社会各界对征地过程的监督，规范征地行为的操作过程。增加土地调查程序，编写土地调查报告和及时进行土地权属变更登记。在征地过程中要进行调查以使征地补偿公平合理，减少征地中的矛盾冲突。在征地完成后，应及时进行产权变更登记，只有这样才能有效地保障各方权利主体的利益。

7.3.4　健全征地申诉与仲裁制度

目前，我国缺少完善和程序严密的申诉和仲裁程序，导致被征地农民的利益无法通过法律途径有效解决。因此，应建立有效的司法救济制度，允许受影响的土地使用者对征收土地提出异议，并对之进行公开审理。异议的内容应包括公益事业的认定是否合理、赔偿额是否合理、是否有程序性违法等。建立独立于审批单位的仲裁机构，如仲裁委员会等。切实解决征地过程中的各类纠纷。被征地有关农民集体经济组织、农村村民对征地目的的公益性、征地补偿安置方案的合理性等有争议的，由这些机构来裁决。如果仍不能解决矛盾，应给被征地单位申诉的权力，由法院通过法律途径解决。

(7.4) 本章小结

　　世界各国的经济发展和城镇化建设都离不开土地征收，本章选取了征地补偿制度相对完善的英国、美国、德国三个欧美国家和日本、韩国、印度三个亚洲国家进行梳理、对比和总结分析，详细介绍其在征地补偿制度的制定思路、补偿方法和执行安排方面的先进经验，对于完善中国的征地补偿制度具有重要启示。

第8章

主要结论与政策建议

8.1 主要结论

本书利用我国东部、中部、西部不同经济发展省份的农民征地补偿数据，从征地补偿标准和补偿方式两个角度深入调查农民获得补偿情况，并从被征地农民的受偿满意度出发，运用多元有序概率模型定量分析征地补偿标准和补偿方式对农民满意度的影响，并进行了稳健性检验。主要研究结论包括以下五个方面。

第一，土地征收的发生特征和区域特点。过去几年，随着城镇化的快速发展，农村土地非农化利用已处于较高水平，由此引起的农村土地征收现象已越来越普遍。根据样本省份的调查数据，有 1/4 的农户曾经历过土地征收，如此高的发生率表明，土地征收现象在农村不再是陌生的事情，每四个农户中至少有一户的农地被征收转作非农用途利用。土地征收可以看作城市在空间上向周围拓展的过程，在一定程度上能够反映当地的城镇化和经济发展水平，因而具有区域性。一般而言，城镇化和经济发展水平越高的地区，土地征收发生率就越高。总体上看，东部地区的土地征收发生率明显高于中西部。土地征收与经济发展水平相关的另一项佐证是，其发生率与距离县城远近之间的关系。通过对照检验，结果表明距离城市较近地区更容易发生土地征收，在未发生土地征收的样本中绝大部分农户都集中在距县城 5 公里以外的区域。

第二，被征地样本户对征地补偿的态度普遍不满，容易引发纠纷。理论上，在土地征收过程中，土地权属、土地性质以及土地收益等各方面均会发生根本性变化，这必然涉及各利益相关方收益的再分配，极容易引发纠纷，而实际情况也确实如此。调研统计了土地征收过程中发生纠纷的概率，发现在发生土地征收的样本户中，近1/5的农户因征收土地而发生纠纷。究其原因，主要是大部分农户表示对目前的征地补偿政策不认同，普遍认为补偿标准过低，与土地征收后的出让价格相差悬殊。

第三，被征地农民受偿满意度不仅受补偿标准绝对水平的影响，更取决于相对水平的大小。一般而言，农民作为理性人，补偿标准越高，其对征地补偿的满意程度越高。但只将补偿标准一个变量放入模型中运行以考察补偿标准对农民征地补偿满意度的单独影响时，模型结果显示，补偿标准对满意度有显著影响，但这种影响是负向的。可能存在的原因为，近年来，随着经济发展水平的提高，土地价值大幅升高，虽然征地补偿标准几经调整，有了明显提高，但如果所征土地的市场价格更高，二者的差距加大会导致农民感到不公平，从而更加不满意。对此，我们应在模型中加入变量（或变量组合）以控制二者之间的差距效用，从而消除此负向影响。因此，我们在模型中逐个加入变量，发现当模型中包含地区变量、时间变量和人均非农收入变量时，补偿标准变量仍然保持显著，但其符号由负转正。这表明，在控制住经济因素和时间因素的条件下，当被征土地的市场价格稳定时，补偿标准越高，农民满意度越有可能提高。

由此，我们发现一个事实，即使征地补偿标准的绝对水平不低，但如果所征土地的市场价格更高，随着二者之间差距的拉大，农民也会感到不满意。这就意味着，补偿标准对满意度的影响不是孤立的，其受经济因素和时间因素的影响，在控制住经济因素和时间因素影响的条件下，随着补偿标准的提高，农民对征地补偿的满意度越有可能提高。

第四，补偿方式对被征地农民受偿满意度存在显著的间接影响，其中社会保障式补偿更受农民青睐。按照《中华人民共和国土地管理法实施条例》的规定，土地补偿费和安置补助费先交由农村集体经济组织管理，再由村集体制订分配方案将补偿款发放给农民，因此，按年产值倍数法计算的补偿标准并不等同于农民实际得到的补偿，农民获得的补偿金额还取决于采用的补偿方式，不同补偿方式下农民实际获得的补偿金额存在差异。在此背景下，为考察补偿方式对农民征地补偿满意度的影响，本书在模型中引入补偿方式与农民实际获得补偿额的交叉项，即代表不同补偿方式下农民实际获得的补偿金额，以间接得出农民对补偿方式的偏好。

当将二者的交叉变量放入模型中回归，考察一次性现金补偿模式、分期支付式现金补偿模式以及社会保障式补偿模式下农民实际获得的补偿支付对征地补偿满意度的影响时，结果显示，分期式现金补偿方式下的补偿支付与社会保障方式下的补偿支付有显著的负向影响。同样地，为控制其他因素的影响，在模型中逐个加入变量，当包含地区变量、时间变量和人均非农收入变量后，三个交叉变量的符号均由负转正，但只有社会保障方式下的补偿支付存在显著影响。这表明，在控制住经济因素和时间因素影响的条件下，当采用社会保障方式进行补偿时，补偿数额越高，农民满意度越有可能提高；而采用一次性或分期式的现金补偿方式，当增加补偿金额时，提高农民满意度的概率不确定。

第五，时间、经济、区位以及农户特征等因素也会影响被征地农民受偿满意度。我们也注意到一些控制变量对农民满意度有显著影响。时间变量与农民征地补偿满意度呈负相关，验证了近年来土地征占矛盾愈演愈烈，补偿纠纷逐渐增多的事实。地区变量中，相比中部地区，东部和西部地区的农民对征地补偿状况较为满意。人均非农收入变量，在一定程度上代表当地经济水平，非农收入越高，表示当地经济越发达，转为非农用地后的市场价格越高，相比之下，农民越有可能对补偿水平不满意。另外，年龄越大的农民，更容易服从征地政策，接受征地补偿；剩余土地份额越多的农户，依据效用理论，补偿满意度越高；相比非公益性用途的征地，农民对公益性征地的满意度更高。

8.2　政策建议

8.2.1　遵循市场价值原则，合理制定征地补偿标准

我国当前的征地补偿标准依据被征土地的原有用途计算，并且按照不

完全补偿原则实施补偿，这与现行的市场经济体制不匹配，不能反映市场价值规律下农村土地的实际收益，使被征地农民的生活无法恢复到土地被征前的水平，从而在实践中引发了农村土地征收过程中的诸多矛盾与冲突。针对现行土地征收补偿标准过低的问题，应本着补偿对等、同地同价原则，结合当地土地资源禀赋与供需关系，综合时间与经济发展等因素，理顺土地定价机制，实现以市场价值为目标的征地补偿机制，以避免补偿标准与土地市价之间的巨大差距。为实现这一目标，建议从以下三个方面进行改革完善。

第一，建立土地征收和土地征购双轨并行制度。在我国，实现农业用地向城市建设用地的用途转变，《中华人民共和国土地管理法》仅提供了"征收—出让"的单一途径，且规定只有基于"公共利益"的需要才允许征收农村土地。而现实情况中，一些合理的"非公共利益"项目也需要将农用地转为建设用地，然而法律并没有为这些"非公共利益"的合理需要提供合法的转化途径，这就使部分"非公共利益"项目不得不假借"公共利益"之名占用农村土地。如此，不但合理的用地需求只能通过违法违规的行为来满足，而且土地征收者往往也趁机降低土地补偿费用，以获取"低征高卖"的巨大利益，极大地损害了被征地农民的权益。因此，政府应填补合理的非公益用地转移途径的空白，采用按市场估价进行补偿的方式，制定土地征购制度。土地征购制度的本质是承认土地在市场经济体制下的商品性，被征购的土地价格不再由政府一方垄断定价，而是完全由市场机制决定，价格水平应包含土地的级差地租，并体现土地市场供需状况，政府可对此价格进行宏观调控和监督。我国现行的土地产权制度使农民集体所有的土地产权基本上不存在流动的可能性，土地征收是国家依靠垄断地位强制实施的行政行为，而不是市场行为。但是，土地作为一种基础的生产要素，既有流动的必要，也有等价交换的要求。因此，对非公益性用地，应尝试在土地利用总体规划的控制下改为征购，逐步开放集体土地的产权流转市场。被征购的土地不能由政府单方随意定低价征购，而必须由市场定价，价格水平应体现市场供求状况和土地的级差地租状况。

从另一个角度来看，土地征购制度还能改善被征地农民的补偿状况。

通过引入土地征购制度，严格区分公益用地和非公益用地的征地途径，针对不同的征地途径采用不同的补偿标准和安置方式。对于因公共利益征收土地的，以土地市场价格为基础，给予被征地农民适当补偿；对于非公共利益征收土地的，则以土地市场价格为基准，以完全补偿为原则，更多地引入谈判机制，由用地单位和农民（集体）谈判协商确定补偿细则，从而为农民争取更多的补偿，更好地保护农民权益。

第二，科学评估土地价值和农民损失。现行的土地征收补偿仅涵盖土地的农业经济价值以及部分就业保障价值，忽视了土地的其他价值，因而无法从根本上解决农地征收补偿偏低的问题。从理论上分析，最科学合理的补偿应根据被征地农民的受损程度来确定，包括经济损失和非经济损失。经济损失主要指能用金钱来衡量的损失，如土地收益、土地投入及土地资本的损失等；而非经济损失主要指社会和生态上的损失，即被征地农民丧失劳动机会、生活方式被改变、生活环境受破坏、自然景观改变等造成的间接的、非经济损失。因此，制定征地补偿标准应该涵盖经济、社会和生态等附加功能所产生的价值，全面评估土地对农民的多重效用，最大程度弥补被征地农民因失去土地而造成的全部损失。对于经济损失可采用市场法进行测算，如土地的投入 - 产出分析法、土地市场价值测算、风险评判法等，并参照土地利用状况、交易成本、过去土地征收补偿和土地市场变化等进行评估。对于非经济损失，可采用假想市场法获取被征地农民的支付意愿（WTP）和接受意愿（WTA），从而间接获得非经济损失。

第三，允许农民参与土地增值收益分配。根据马克思地租理论，土地所有者凭借其所有权应该收取级差地租Ⅰ和级差地租Ⅱ，土地使用者凭借其使用权应该获得级差地租Ⅱ。土地通过征收出让产生增值收益主要是由土地的自然条件（如区位、质量、类型、等级等差异）和后天投入因素（国家规划、投资）造成的，这就意味着土地增值收益中包含了级差地租Ⅰ和级差地租Ⅱ，那么农民理应参与增值收益分配，获得部分级差地租。此外，也要考虑到土地征收后农民将永久地失去与土地的联系，失去生活的可靠来源与稳定保障，所以也应该让征地收益更多地倾向于被征地农民，提高他们的补偿水平，以改善和提高他们被征地后的生活状况。农民只有认为得到公平的待遇，才不会在土地征收过程中产生抵触情绪，才能保证整个社会的稳定与和谐。

8.2.2 采取多元安置补偿方式，构建全面的社会保障体系

在现有征地补偿标准不高的情况下，通过采取多元化补偿方式改善被征地农民境况是一种可行的做法。设计多元化土地征收安置补偿模式的目的是从多角度、多方面对被征地农民遭受的损失进行补偿，以使其不会因失去全部或部分土地后而导致无法生存或生活水平下降。在一次性货币补偿模式不能给社会主义市场经济背景下失地又失业的农民提供全面而充分的补偿时，尝试多种补偿模式相结合的办法，如在货币补偿之外增加就业安置、留地安置、土地使用权入股、社会保障等方式，从而为被征地农民提供全面而充分的补偿。

在目前的多种补偿方式中，社会保障方式因其能为被征地农民带来长期的稳定保障而备受农民青睐。社会保障机制是整个社会制度系统中的"安全子系统"，其重要功能就是化解社会前进道路中的不稳定因素，建立全面的被征地农民社会保障机制是政府推动城镇化可持续发展、维护被征地农民合法权益和扶持低收入弱势群体应尽的责任。因此，必须加快建立健全惠及所有被征地农民的全面社会保障体系。全面的保障机制不仅仅指覆盖地域和人员的全面，还强调内容的全面，这意味着除了建立被征地农民最低生活保障制度，还应涵盖养老保险制度、医疗保险制度以及失业保险制度等。

对于建立专项社会保障的资金来源，由于被征地农民的收入水平普遍很低，尚不具备建立以个人缴费为主的社会保障体系的条件，如果由国家来承担全部保障费用也不现实，政府的财政承受能力毕竟有限。因此，建议参照城镇养老保险机制，采取统账结合的做法。社会统筹账户由政府、用地单位和集体共同出资承担，具体承担的比例大致为：政府和用地单位承担大部分，集体分担一小部分。其中，政府承担的出资从国有土地出让收入和增值收益中列支或安排专项财政拨款；用地单位承担的部分从土地产生的商业利润中支出；集体承担部分从留存集体的土地补偿费和集体原

有的经济积累中提取。个人账户则由被征地农民从安置补偿费中提取一定比例缴纳。同时，社会保障基金的管理机构与经营机构应分开设置，管理机构负责对经营机构行为的监管，经营机构负责基金的筹集、运营和发放等，并保证监管机构的公正性、权威性、科学性和独立性。另外，应根据被征地区的居民生活水平和农民年龄结构设置相应的保障标准，分门别类地将其纳入最低生活保障和养老保险计划。此外，最低生活保障制度要与现行农村养老保险、城镇职工基本养老保险等制度做好衔接，同时应随经济发展水平及时、适当地调整被征地农民最低生活保障费用的交纳标准和补助额度，充分保障被征地农民的生活水平不降低。

8.2.3　因地制宜，有针对性地妥善安置被征地农民

我国幅员辽阔，地区间的社会、经济、文化习俗情况差异很大，各地区应结合当地的经济发展特征、土地资源禀赋、农民实际需求等情况，研究制定出合乎本地实际情况的征地货币补偿标准和社会保障标准。从全国范围看，总体上东部沿海地区经济发展水平高于中西部地区，土地价值较高，居民生活水平也较高，相应地，东部地区也应增加对被征地农民的补偿投入，继续健全被征地农民社会保障体系，提高保障水平；而中西部地区，特别是西部地区，在财力有限的条件下，如何保障被征地农民的生活水平不下降是今后需着力解决的重要课题。经济条件和资源禀赋上的差距不仅存在于地域之间，省际之间、县市之间甚至村镇之间的差距也可能很大。各地市的城市定位和经济能力等方面发展不平衡，应根据实际情况制定适宜的补偿政策，做到既不降低被征地农民的生活水平，也不妨碍当地的经济发展。征地补偿费的确定应尽量公平合理，既要考虑土地的现有用途，也要考虑土地的区位特点，可与制定区片综合地价结合起来进行研究。

在制定征地补偿政策时，除了将土地方面的因素作为参考依据外，还要充分考虑农民家庭人口结构特征、经济收入状况以及农民对征地的认知等因素，将农民个人及家庭相关因素列入征地补偿政策的框架中，兼顾征地补偿政策的公平与效率。

8.2.4 建立统一的城乡建设用地市场，稳步推进新型城镇化进程

当前我国城镇化已进入加速时期，土地价值日益上涨，集体建设土地自发进入市场的现象正越来越多地自然发生或变向发生，在倒逼着管理者、政策制定者创新改革思路。现行的城乡土地二元体制很大程度上固化了已经形成的城乡利益失衡格局，制约了城乡发展一体化，阻碍了城镇化的健康发展，因此必须统筹推进土地制度改革。首先，进一步加快土地确权，尽快完成宅基地、集体建设用地和农用地的确权、颁证工作，明晰土地产权，完善土地权能，鼓励农民依法对土地经营权以出租、转让、作价、入股等方式流转，提高土地收益和利用效率。其次，建立统一的城乡建设用地市场，促进农地平等入市。允许农村集体土地和国有土地平等进入市场流通，建立统一市场下的土地定价体系，实行同地同权同价，促进土地集约使用，保障农民土地财产收益权，从而缩小城乡居民收入差距，促使农民更好地融入城市，提高城镇化质量。

在推进城镇化的进程中，积极开拓新型城镇化道路，实现城乡建设用地统筹发展。一是城镇化用地"两挂钩"。即在城镇化土地占用规划指标控制下，城镇化建设所增加占用的土地要分别同步与乡村建设用地减少挂钩、与乡村建设用地（如宅基地）复垦为耕地挂钩。通过统筹城乡建设用地，确保耕地不减少，农业资源得到可持续利用。二是城镇化人口转移"两置换"。即以农村城镇化转移人口的宅基地置换城市保障房，以土地承包经营权置换城市居民应享有的社会保障。通过"两置换"节约宝贵的城乡建设用地资源，降低农民变市民的成本。

8.2.5 优化土地征收补偿的相关法律制度

事实上，造成农民失地失业、引发征地补偿矛盾的真正原因不是城市化进程的加快，而是现行的征地补偿制度和相关政策已远远滞后于城镇化的推进。我国现行土地征收补偿制度是以土地国家所有制和集体所有制为

基础，计划经济体制特征明显。因此，要解决我国被征地农民补偿问题，首先必须结合社会主义市场经济不断发展的要求，对现行的土地征收补偿制度和有关政策进行修订完善。

一是实施严格的节约用地制度。严格控制土地征收的规模，严防假借"公共利益"之名随意扩大征地范围。保护农业用地，严守 18 亿亩耕地红线，优化城乡土地利用结构，杜绝土地征收浪费现象，提高土地利用效率，满足合理的城镇化用地需求。

二是严格规范征地补偿程序。严格执行征地补偿的"两公告一登记"制度，征地过程中应充分听取农民意见和公众意见，并组织相关专家参加征地项目和补偿方案的听证会，论证征地补偿的科学性和合理性。同时构建事后纠纷化解机制，尊重农民的利益诉求，解决农民的后续问题，赋予农民真正的参与权、知情权、监督权和谈判权。

三是加强征地补偿后续监督机制。被征收土地的农村集体经济组织应及时、如实、定期地向该集体经济组织成员公布土地征收补偿费用的收支及分配状况，并接受全员监督。在土地征收补偿过程中，国土资源部门作为土地行政执法主体单位，应对土地征收补偿费的执行标准和资金到位情况进行跟踪监督。对征而不用、闲置浪费或改变被征地用途的，要收回土地征收权，并对征地单位给予相关的处罚，从而避免借土地征收之名行买卖土地之实的现象，从根本上遏制滥征土地的情况发生，提高土地资源的配置效率。

农村土地征收与农民权益调查问卷

尊敬的调查户：

　　您好！为了解农村集体土地征收利用情况，加强农民权益保护，积极推进我国城镇化进程，农业部农村合作经济经营管理总站和中国农业科学院农业经济与发展研究所共同开展农户土地征收补偿情况调查。请您按照自家的实际情况和自己的真实想法如实回答问题，认真协助调查员填写调查表。我们将严格遵守统计法，对您个人的信息给予保密。谢谢您的合作！

农业部农村合作经济经营管理总站

中国农业科学院农业经济与发展研究所

被调查人姓名：

性别：

年龄：

家庭住址：省（自治区）县（市）乡（镇）村

住户编码：省码□□县码□□□□乡(镇)码□□□村码□□□户码□□□

调查时间：2013 年　　月　　日

调查员签字：　　　　　　　　督导员签字：

表 A 农户家庭基本特征（填写 2012 年情况）

	农户家庭基本特征		2012 年	2011 年	2010 年
A1	请问您的年龄	周岁			
A2	请问您的文化程度	1. 文盲；2. 小学；3. 初中；4. 高中/技校、职高；5. 大专及以上			
A3	请问您家过去三年人口数	（人）			
A4	其中：劳动力有几人？	（人）			
A5	外出打工劳动力有几人？	（人）			
A6	您家家庭总收入？	（元）			
A7	其中：农业收入占多少？	（%）			

表 B 家庭和土地资源信息

	家庭和土地资源信息			2012 年	2011 年	2010 年
B1	您家农村住宅属于哪种类型？	1 = 自有 2 = 租用	选 1 从 B2 回答 选 2 从 B6 回答			
B2	您家拥有的农村住宅有几处？	（处）				
B3	这些宅基地总面积有多大？	（平方米）				
B4	其中：国家登记的面积多大？	（平方米）				
B5	如果卖，这些房子能卖多少钱？	（万元）				
B6	在城里或镇里是否还有其他房产？	1 = 是 2 = 否				
B7	您家实际耕地经营面积？	（亩）				
B8	这些耕地总共有几个地块？	（块）				
B9	其中：转出让其他人家经营的面积？	（亩）				
B10	其中：从其他人家转入经营的面积？	（亩）				
B11	目前您家耕地主要用于种植哪些作物？	（代码 1）				
B12	这些作物共获得多少净收益？	（元）				

注：代码 1：1 = 小麦；2 = 水稻；3 = 玉米；4 = 棉花；5 = 油菜；6 = 花生；7 = 抛荒；8 = 其他（请注明）。

表 C   土地征收利用情况

土地征收利用情况				2012 年	2011 年	2010 年	其他年份
C1	耕地征用	您家有无耕地被征收过？		1 = 有 2 = 没有			
C2		如有	面积多大？	（亩）			
C3			主要用途是什么？	代码 1			
C4			征收方式为哪种？	代码 2			
C5			补偿方式为哪种？ （可多选）	代码 3			
C6	宅基地征用或集体统一规划利用建新村	您家有没有宅基地被征用过？		1 = 有 2 = 没有			
C7		如有	面积多大？	（平方米）			
C8			主要用途是什么？	代码 1			
C9			征收方式为哪种？	代码 2			
C10			补偿方式为哪种？ （可多选）	代码 3			
C11	土地征收之前的耕地主要用于种植哪些作物？			代码 4			
C12	平均能获得多少收益？			（元）			
C13	您认为土地对您家的主要作用有哪些？（可多选）			代码 5			
C14	土地征收获得补偿之后，您家收入有什么变化吗？			1 = 提高 2 = 降低 3 = 不变			

注：代码 1：1 = 城镇化公共基础设施建设；2 = 城镇经营性建设用地；3 = 军事设施；4 = 农村集体经营性用地；5 = 其他（注明）。

代码 2：1 = 一次征地；2 = 土地入股；3 = 长期租赁；4 = 先买后租；5 = 其他（注明）。

代码 3：1 = 现金补偿；2 = 实物补偿，如留地补偿、新房补差、新旧置换等；3 = 解决就业；4 = 其他（注明）。

代码 4：1 = 小麦；2 = 水稻；3 = 玉米；4 = 棉花；5 = 油菜；6 = 花生；7 = 抛荒；8 = 其他（请注明）。

代码 5：1 = 维持生存；2 = 获得额外收益；3 = 社会保障；4 = 自己的资产（如可用于抵押、贷款等）；5 = 其他（注明）。

表 D   土地征收利用补偿情况

土地征收利用补偿情况		2012 年	2011 年	2010 年
D1	征收土地时，每亩地的现金补偿标准是多少？	（元/亩）			
D2	其中：土地补偿费为多少？	（元/亩）			
D3	安置补偿费为多少？	（元/亩）			
D4	青苗补偿费为多少？	（元/亩）			
D5	您觉得该补偿标准如何？	1 = 偏高 2 = 适中 3 = 偏低			
D6	您希望每亩地的补偿标准为多少？	代码 1			
D7	补偿款发放时，采取了哪种方式？	代码 2			
D8	您希望采取哪种方式？	同代码 2			
D9	发放补偿款时，给付的标准是哪种？	代码 3			
D10	发放补偿款时，是否出现拖欠行为？	1 = 是 2 = 否			
D11	您实际获得的现金补偿为多少？	（元/亩或元/人）			
D12	若村集体调整承包地，您重新分得的土地面积为多少？	（亩/人）			
D13	您所分到的补偿款，主要的用途是？	代码 4 （按费用大小排序）			
D14	征地后，您家是否有新增失业人口？	1 = 无 2 = 有；____人			
D15	土地被征占后，您家庭收入主要来源是什么？	代码 5			
D16	您对征地之前的土地利用情况是否满意？	1 = 满意 2 = 不满意			
D17	您对征地之后的土地利用状况是否满意？	1 = 满意 2 = 不满意			
D18	您对征地补偿的总体评价如何？	1 = 满意 2 = 一般 3 = 不满意			

注：代码 1：1 = 2 万 ~3 万元；2 = 3 万 ~4 万元；3 = 4 万 ~5 万元；4 = 5 万 ~6 万元；5 = 6 万 ~
7 万元；6 = 7 万 ~8 万元；7 = 8 万元以上。

代码 2：1 = 现金补偿一次性付清；2 = 现金补偿定额分期付清，分____年；3 = 一定的现
金补偿（青苗补偿费）和提供社会保障；4 = 一定的现金补偿（青苗补偿费和调
整承包地）；5 = 重新分配土地；6 = 解决就业；7 = 土地入股，参与项目收益分红。

代码 3：1 = 按人头给付；2 = 按土地面积给付。

代码 4：1 = 支付基本的生活费用；2 = 建房；3 = 购买社会保险或养老保险；4 = 创业；
5 = 投资；6 = 其他。

代码 5：1 = 务农；2 = 固定工资；3 = 打零工；4 = 社会保障；5 = 无收入来源；6 = 其他。

村级调查问卷

表 A   村集体基本信息   村名称：_____

村集体基本信息			2012 年
A1	本村共有多少耕地面积？	（亩）	
A2	本村共有多少人口？	（人）	
A3	本村外出务工人员数	（人）	
A4	本村距县城距离	（千米）	
A5	本村居民人均纯收入	（元）	
A6	其中农业收入	（元）	
A7	本村农户数	（户）	
A8	其中，只务农的户数	（户）	
A9	完全不务农的户数	（户）	
A10	有自营工商业的农户	（户）	

表 B   **村集体土地征收补偿信息**

村集体土地征收补偿信息			2012 年	2011 年	2010 年
B1	本村是否有被征占的土地？	1 = 是（请继续回答） 2 = 否（停止回答）			
B2	被征地面积分别为多少亩？	（亩）			
B3	本村土地被征占的方式是哪种？	（代码 1）			
B4	本村被征占的土地来源？	（代码 2）			
B5	本村被征占的土地主要用于哪些用途？	（代码 3）			
B6	本村的征地补偿标准为多少？	（元/亩）			
B7	其中：土地补偿费为多少？	（元/亩）			
	安置补偿费为多少？	（元/亩）			
	青苗补偿费为多少？	（元/亩）			
B8	本地征地补偿标准的计算方法为哪种？	代码 4			
B9	征地后，本村是否重新分配承包地？ 若是，分配标准为？	（亩/人）			

注：代码 1：1 = 一次征地；2 = 土地入股；3 = 长期租赁；4 = 先买后租；5 = 其他（请注明）。
代码 2：1 = 农户承包地；2 = 宅基地；3 = 集体预留地；4 = 其他（请注明）。
代码 3：1 = 修建道路或桥梁；2 = 修建厂房等工业用地；3 = 修建住宅或商品房；4 = 修建写字楼或商场；5 = 修建公园或体育馆等公共设施；6 = 修建学校或其他政府机构用房；7 = 其他。
代码 4：1 = 年产值倍数法；2 = 统一年产值法；3 = 区片综合地价法。

附录二 政策文件

关于印发《关于完善征地补偿安置制度的指导意见》的通知

国土资发〔2004〕238号

各省、自治区、直辖市国土资源厅（国土环境资源厅、国土资源局、国土资源和房屋管理局、房屋土地资源管理局、规划和国土资源局），计划单列市国土资源行政主管部门，解放军土地管理局，新疆生产建设兵团国土资源局：

为贯彻落实《国务院关于深化改革严格土地管理的决定》（国发〔2004〕28号），巩固土地市场治理整顿成果，进一步加强和改进征地补偿安置工作，部研究制定了《关于完善征地补偿安置制度的指导意见》。现印发给你们，请认真执行。

二〇〇四年十一月三日

关于完善征地补偿安置制度的指导意见

为合理利用土地，保护被征地农民合法权益，维护社会稳定，根据法律有关规定和《国务院关于深化改革严格土地管理的决定》（国发〔2004〕28号，以下简称《决定》）精神，现就完善征地补偿安置制度有关问题提出以下意见：

一、关于征地补偿标准

（一）统一年产值标准的制订。省级国土资源部门要会同有关部门制订省域内各县（市）耕地的最低统一年产值标准，报省级人民政府批准后公布执行。制订统一年产值标准可考虑被征收耕地的类型、质量、农民对土地的投入、农产品价格、农用地等级等因素。

（二）统一年产值倍数的确定。土地补偿费和安置补助费的统一年产值倍数，应按照保证被征地农民原有生活水平不降低的原则，在法律规定范围内确定；按法定的统一年产值倍数计算的征地补偿安置费用，不能使被征地农民保持原有生活水平，不足以支付因征地而导致无地农民社会保障费用的，经省级人民政府批准应当提高倍数；土地补偿费和安置补助费合计按 30 倍计算，尚不足以使被征地农民保持原有生活水平的，由当地人民政府统筹安排，从国有土地有偿使用收益中划出一定比例给予补贴。经依法批准占用基本农田的，征地补偿按当地人民政府公布的最高补偿标准执行。

（三）征地区片综合地价的制订。有条件的地区，省级国土资源部门可会同有关部门制订省域内各县（市）征地区片综合地价，报省级人民政府批准后公布执行，实行征地补偿。制订区片综合地价应考虑地类、产值、土地区位、农用地等级、人均耕地数量、土地供求关系、当地经济发展水平和城镇居民最低生活保障水平等因素。

（四）土地补偿费的分配。按照土地补偿费主要用于被征地农户的原则，土地补偿费应在农村集体经济组织内部合理分配。具体分配办法由省级人民政府制定。土地被全部征收，同时农村集体经济组织撤销建制的，土地补偿费应全部用于被征地农民生产生活安置。

二、关于被征地农民安置途径

（五）农业生产安置。征收城市规划区外的农民集体土地，应当通过利用农村集体机动地、承包农户自愿交回的承包地、承包地流转和土地开发整理新增加的耕地等，首先使被征地农民有必要的耕作土地，继续从事农业生产。

（六）重新择业安置。应当积极创造条件，向被征地农民提供免费的劳动技能培训，安排相应的工作岗位。在同等条件下，用地单位应优先吸收被征地农民就业。征收城市规划区内的农民集体土地，应当将因征地而导致无地的农民，纳入城镇就业体系，并建立社会保障制度。

（七）入股分红安置。对有长期稳定收益的项目用地，在农户自愿的前提下，被征地农村集体经济组织经与用地单位协商，可以以征地补偿安置费用入股，或以经批准的建设用地土地使用权作价入股。农村集体经济组织和农户通过合同约定以优先股的方式获取收益。

（八）异地移民安置。本地区确实无法为因征地而导致无地的农民提供基本生产生活条件的，在充分征求被征地农村集体经济组织和农户意见的前提下，可由政府统一组织，实行异地移民安置。

三、关于征地工作程序

（九）告知征地情况。在征地依法报批前，当地国土资源部门应将拟征地的用途、位置、补偿标准、安置途径等，以书面形式告知被征地农村集体经济组织和农户。在告知后，凡被征地农村集体经济组织和农户在拟征土地上抢栽、抢种、抢建的地上附着物和青苗，征地时一律不予补偿。

（十）确认征地调查结果。当地国土资源部门应对拟征土地的权属、地类、面积以及地上附着物权属、种类、数量等现状进行调查，调查结果应与被征地农村集体经济组织、农户和地上附着物产权人共同确认。

（十一）组织征地听证。在征地依法报批前，当地国土资源部门应告知被征地农村集体经济组织和农户，对拟征土地的补偿标准、安置途径有申请听证的权利。当事人申请听证的，应按照《国土资源听证规定》规定的程序和有关要求组织听证。

四、关于征地实施监管

（十二）公开征地批准事项。经依法批准征收的土地，除涉及国家保密规定等特殊情况外，国土资源部和省级国土资源部门通过媒体向社会公示征地批准事项。县（市）国土资源部门应按照《征用土地公告办法》规定，在被征地所在的村、组公告征地批准事项。

（十三）支付征地补偿安置费用。征地补偿安置方案经市、县人民政府批准后，应按法律规定的时限向被征地农村集体经济组织拨付征地补偿安置费用。当地国土资源部门应配合农业、民政等有关部门对被征地集体经济组织内部征地补偿安置费用的分配和使用情况进行监督。

（十四）征地批后监督检查。各级国土资源部门要对依法批准的征收土地方案的实施情况进行监督检查。因征地确实导致被征地农民原有生活水平下降的，当地国土资源部门应积极会同政府有关部门，切实采取有效措施，多渠道解决好被征地农民的生产生活，维护社会稳定。

2004 年 11 月 16 日

国土资源部关于开展制订征地统一年产值标准和
征地区片综合地价工作的通知

各省、自治区、直辖市国土资源厅（国土环境资源厅、国土资源局、国土资源和房屋管理局、房屋土地资源管理局、规划和国土资源局）：

《国务院关于深化改革严格土地管理的决定》（国发〔2004〕28 号，下称《决定》）要求各省、自治区、直辖市"制订并公布各市县征地的统一年产值标准或区片综合地价"。为指导各地贯彻落实好《决定》精神，加快开展制订和公布征地的统一年产值标准和区片综合地价工作，现就有关问题通知如下。

一、关于制订征地统一年产值标准和区片综合地价的必要性

制订征地统一年产值标准和区片综合地价目的是为征地补偿提供依据，直接为征地服务。制订征地统一年产值标准要考虑被征收耕地的类型、质量、农民对土地的投入、农产品价格及农用地等级等因素，在一定区域范围内（以县域范围为主），在主导性农用地类别和耕作制度条件下，以前三年主要农产品平均产量、价格及相关附加收益为主要依据进行测算。以统一年产值标准为基数，同时综合考虑当地经济发展水平、居民生活水平、被征地农民社会保障需要等其他条件，确定补偿倍数，计算征地补偿费用。征地区片综合地价是征地综合补偿标准，制订时要考虑地类、产值、土地区位、农用地等级、人均耕地数量、土地供求关系、当地经济发展水平和城镇居民最低生活保障水平等多方面因素进行测算。已经完成了农用地定级的地区，应充分吸收农用地定级成果。已按《农用地估价规程》完成农用地征用价格评估的地区，要充分考虑评估结果。要尽量采用多种方法分析测算，合理确定一定区域范围内的统一征地区片综合地价。

制订征地统一年产值标准和区片综合地价，是依法合理做好征地补偿安置工作、维护被征地农民切身利益、保障经济建设健康发展的重要基础性工作，是贯彻落实《决定》和国土资源部《关于完善征地补偿安置制度的指导意见》（国土资发〔2004〕238 号）等文件精神，解决当前征地工作中存在的补偿标准偏低、同地不同价、随意性较大等突出问题的重要举

措。各地对此项工作务必高度重视，认真组织，力争在 2005 年底完成本地区征地统一年产值标准和区片综合地价的制订及公布工作。

二、关于推行征地统一年产值标准和区片综合地价的区域

制订征地统一年产值标准和区片综合地价，是一项政策性和技术性较强的基础性工作。各地要本着开拓创新、因地制宜的原则，积极推进这项工作。东部地区城市土地利用总体规划确定的建设用地范围，应制订区片综合地价；中、西部地区大中城市郊区和其他有条件的地区，也应积极推进区片综合地价制订工作；其他暂不具备条件的地区可制订征地统一年产值标准。

为指导各地制订征地统一年产值标准和区片综合地价，我部下发《征地统一年产值标准测算指导性意见》（附件 1）和《征地区片综合地价测算指导性意见》（附件 2），各地应参照执行。执行中的有关问题和建议及时与部有关司联系。

三、关于制订和公布征地统一年产值标准和区片综合地价的步骤

（一）制订方案，加强协调。各省（区、市）国土资源部门在接到本通知后，要抓紧结合本地工作实际，拟订本省制订征地统一年产值标准和区片综合地价的工作方案，在征求财政、统计、物价、农业等相关部门意见后进一步修改完善，于 2005 年 8 月底前报部耕地保护司。部将予以指导，提出意见。

（二）全面部署，科学测算。各省（区、市）根据工作方案，对各市、县制订征地统一年产值标准或区片综合地价的工作进行全面部署。各市县国土资源部门广泛深入地进行实地调查研究，做好有关基础资料和数据的收集和分析工作；在此基础上，做好征地统一年产值标准和区片综合地价的测算工作。在初步确定测算结果后，要依法组织听证，广泛听取群众意见。

（三）评审验收，搞好平衡。各省（区、市）国土资源部门对各市县的制订工作要具体加以指导，并组织有关部门和专家分别对各市县制订的统一年产值标准和区片综合地价进行评审。对省（区、市）内各地区征地补偿标准要综合平衡，相互衔接；对分别采用统一年产值标准和区片综合地价的地区，也要做好标准水平的统一平衡和衔接工作。

（四）审查备案，统一公布。各省（区、市）国土资源部门在对各市、县制订标准审核、综合平衡的基础上，将本省（区、市）不同地区的征地统一年产值标准和区片综合地价平均水平报部。部将进行省（区、市）际间综合平衡协调。省级国土资源部门根据部提出的修正意见，对征地统一年产值标准和区片综合地价作进一步调整完善，报省级人民政府批准公布。征地统一年产值标准和区片综合地价一经公布必须严格执行。

四、关于制订和公布征地统一年产值标准和区片综合地价需注意的几个问题

（一）合理确定不同地区征地补偿标准。制订征地统一年产值标准和区片综合地价，要依据国家法律法规和文件的有关规定，从本地区经济发展水平、农民生产和生活实际需要出发，妥善处理征地补偿标准的合法性与合理性、法定补偿标准与农民补偿要求之间的关系，切实维护被征地农民的合法权益，保证原有生活水平不下降、长远生计有保障。要防止以制订和公布征地统一年产值标准和区片综合地价为由，压低征地补偿标准。

（二）做好省域内征地补偿标准的总体平衡工作。各省（区、市）国土资源部门要在深入调查研究、科学测算的基础上，按照同地同价的要求，合理确定和平衡省域内各地（市、州）之间及各市（县）之间征地补偿标准的差异；要认真研究处理因各地征地补偿标准发布时间及测算方法等不同造成标准水平出现差异的机制和方案。

（三）认真依法组织听证工作。按照《国土资源听证规定》，拟订或者修改区域性征地补偿标准必须要组织听证。地方各级国土资源部门制订征地统一年产值标准和区片综合地价，要在认真做好实地调研和科学测算的基础上，广泛听取有关部门、农村集体经济组织、农民群众及社会各方面的意见和建议。

（四）注意与过去征地补偿标准的衔接。测算征地统一年产值标准和区片综合地价，应注意对过去依法确定的征地补偿标准，尤其是对 1999 年至 2004 年期间征地补偿标准进行认真分析和客观借鉴，防止新、老征地补偿标准之间差距过大而导致矛盾，维护社会稳定。

中华人民共和国国土资源部
2005 年 7 月 23 日

附件1:

征地统一年产值标准测算指导性意见（暂行）

一、概念及内涵

征地统一年产值标准是在一定区域范围内（以市、县行政区域为主），综合考虑被征收农用地类型、质量、等级、农民对土地的投入以及农产品价格等因素，以前三年主要农产品平均产量、价格为主要依据测算的综合收益值。

统一年产值标准是计算征地补偿费用的主要依据。征地补偿费用在统一年产值标准的基础上，根据土地区位、当地农民现有生活水平和社会经济发展水平、原征地补偿标准等因素确定相应的土地补偿费和安置补助费倍数进行计算。

统一年产值标准适用于集体农用地征收补偿测算，集体建设用地征收补偿和国有农用地补偿测算可参照执行。

二、基本原则

（一）主导性原则。选择主导的地类和耕作制度进行测算，用主导农用地收益反映测算范围内的农用地客观收益。

（二）适当从高原则。在依据现状农作物产值测算的同时，适当考虑改进生产方式、增加科技投入等提高土地收益。

（三）协调平衡原则。考虑土地等级状况，与当地征地区片综合地价水平相协调，与原征地补偿标准相衔接。

（四）公开听证原则。根据《国土资源听证规定》要求，依法组织听证，广泛听取各有关部门、农村集体经济组织、农民及社会各方面的意见和建议。

三、基本要求

（一）统一年产值标准分两个层次制订，一是市（县）统一年产值标准，以市（县）行政区域为基本单元制订；二是市（县）内分区域年产值标准，把市（县）划分为不同区域，确定各区域年产值标准。

（二）市（县）统一年产值标准为控制性标准，在省内进行综合平衡；

市（县）分区域年产值标准在市（县）统一年产值标准的基础上形成。

（三）分区域年产值标准不设地块修正体系。

（四）统一年产值标准应设定基准时点，一般3～5年调整一次。

四、工作步骤

1. 确定测算范围；

2. 确定主导耕作制度和主要农作物年产量；

3. 确定主要农作物价格和年产值；

4. 确定市（县）统一年产值标准；

5. 确定市（县）分区域的统一年产值标准。

五、主导耕作制度和主要农作物年产量的确定

（一）主导耕作制度的确定

主导耕作制度包括土地主要复种方式和主要农作物种类。其中，主要土地复种方式根据土地的复种面积比例情况确定，主要农作物种类在土地复种方式的基础上根据种植面积进行判断。

注意事项：

1. 确定主要土地复种方式时，如果某种复种方式（如一年一熟）的面积超过市（县）范围内耕种土地的60%，可以确定该复种方式为主要复种方式；如果市（县）范围内具有一种以上主要复种方式（面积超过30%），可选择其中2～3种作为主要复种方式。

2. 确定主要农作物种类时，如果某一种农作物种植面积超过70%，可以直接确定其为主要农作物；如果有一种以上主要农作物（超过30%），可选择其中2～3种作为主要农作物。

3. 主导耕作制度还可以通过查阅《农用地分等规程》附表得到。

（二）主要农作物年产量的确定

主要农作物年产量为其前三年产量的平均值，农作物年产量数据通过抽样调查采集。

注意事项：

1. 在具体调查时要考虑抽样点分布的均匀性和代表性，同时还要对农用地的附加收入（如养殖、间作和多种经营等）、种植成本以及灾害情况等进行调查，便于数据分析处理。

2. 农作物年产量数据要按照三个年份、复种类型和农作物类型分别进行统计和分析。

六、主要农作物价格和年产值的确定

（一）主要农作物价格的确定

主要农作物价格在调查市场价格和国家收购价格的基础上，选择两者中较高价格确定。

注意事项：

1. 市场价格在调查主要农作物年产量同时，采用抽样的方式调查；国家收购价格通过查阅相关统计资料得到。

2. 主要农作物价格数据要按照价格类型、复种类型和农作物类型分别进行统计和分析。

（二）主要农作物年产值的确定

主要农作物年产值为主要农作物平均年产量与平均价格的乘积。在具有一种以上农作物组合和复种方式的情况下，采用加权平均方法计算。

七、市（县）统一年产值标准的确定

市（县）统一年产值在主要农作物年产值的基础上，根据土地附加收益情况（其他种植、养殖等多种经营）适当向上调整后确定。

八、分区域统一年产值标准的确定

分区域统一年产值标准在市（县）统一年产值标准的基础上通过区域条件修正测算确定。

各地可以根据当地实际情况，在乡镇行政界限的基础上，综合考虑区域间的地形、地貌、主要农作物类别以及多种经营水平等因素划分区域，并确定区域条件修正系数。

九、听证和验收

根据《国土资源听证规定》，统一年产值标准必须依法组织听证，并根据听证情况进行修改，报省级国土资源部门评审验收，综合平衡。

十、成果要求

提交结果报告和技术报告。

（一）结果报告的主要内容：

1. 统一年产值测算说明，包括统一年产值内涵、测算时间、测算范围、基准时点及有关名词解释等；

2. 统一年产值标准表；

3. 统一年产值标准分布图；

4. 统一年产值标准使用说明等。

（二）技术报告的主要内容：

1. 测算范围及其基本情况；

2. 测算原则与依据；

3. 测算技术路线与方法；

4. 测算过程与测算结果；

5. 测算结果分析与应用建议等。

附件 2：

征地区片综合地价测算指导性意见（暂行）

一、概念及内涵

征地区片综合地价（以下简称征地区片价）是指在城镇行政区土地利用总体规划确定的建设用地范围内，依据地类、产值、土地区位、农用地等级、人均耕地数量、土地供求关系、当地经济发展水平和城镇居民最低生活保障水平等因素，划分区片并测算的征地综合补偿标准原则上不含地上附着物和青苗的补偿费。

征地区片价测算范围重点在土地利用总体规划确定的城市、集镇建设用地规模范围内，但各地可以根据征地需要和实际情况扩展到城市郊区或更大范围。

二、基本原则

（一）维护被征地农民合法权益原则。征地区片价要确保被征地农民原有生活水平不因征地而降低，并体现长远生计和未来发展的需要。

（二）同地同价原则。在同一区片内，不同宗地的征地补偿标准相同，且不因征地目的及土地用途不同而有差异。

（三）协调平衡原则。征地区片价不得低于当地原征地补偿标准，省级行政区域内各市县的征地区片价应相互衔接。

（四）公开听证原则。根据《国土资源听证规定》，征地区片价要依法组织听证，广泛听取有关部门、农村集体经济组织、农民及社会各方面的意见和建议。

三、基本要求

（一）征地区片价作为征地补偿实施过程中的执行标准，一般情况下不设定宗地补偿费修正体系；确需设定修正体系的，要严格限定修正因素并控制修正系数，修正体系应一并公布。

（二）一个市（县）的征地区片价原则上控制在 4~6 个级别。

（三）征地区片价应设定对应的基准时点，一般 3~5 年更新一次。

四、工作步骤

1. 确定测算范围；

2. 划定区片；

3. 测算区片综合地价；

4. 对区片综合地价进行验证和调整；

5. 测算结果听证和修改；

6. 确定征地区片价；

7. 整理与编制成果。

五、区片的划定

（一）有农用地定级成果市（县）的区片划定

已经根据《农用地定级规程》完成农用地定级工作的市（县），在农用地级别的基础上，按照《关于完善征地补偿安置制度的指导意见》国土资发〔2004〕238 号的精神，考虑人均耕地数量、土地区位、土地供求关系、当地经济发展水平和城镇居民最低生活保障水平等因素，对农用地级别进行修正和调整，划分区片。

（二）没有农用地定级成果市（县）的区片划定

没有开展农用地定级工作的市（县），可以行政村为基本单元，根据地类、人均耕地数量、土地区位等因素对基本单元进行综合评价和调整，划定区片。

注意事项：

1. 对基本单元综合评价应考虑地类、产值、土地区位、人均耕地数量、土地供需关系、当地经济发展水平和城镇居民最低生活保障水平等因素，并确定合理的权重。

2. 区片边界线一般以村行政界线为依据划定；需打破行政界线的，可依线状地物及地类分界线确定。

3. 基本农田保护区、生态保护区和其他资源保护区等不得划入征地区片价测算范围。

六、测算方法

征地区片价可采用农地价格因素修正、征地案例比较和年产值倍数等方法进行测算，也可以根据本地区实际情况采用其他合适的方法进行测算。征地区片价原则上应在两种或者三种方法测算结果的基础上综合平衡确定。

（一）农地价格因素修正测算法

征地区片价以农地价格为基础，同时考虑人均耕地数量和城镇居民最低生活保障水平等因素进行修正。

具体步骤：

1. 计算区片的农地价格；

2. 确定修正因素和系数；

3. 计算征地区片价。

注意事项：

1. 已经根据《农用地估价规程》完成农用地基准地价测算的地区，参照农用地基准地价确定区片的农地价格；没有完成农用地基准地价测算的地区，在农地年产值的基础上采用收益还原法评估区片的农地价格。

2. 修正因素主要考虑土地区位、人均耕地数量、土地供求关系、当地经济发展水平和城镇居民最低生活保障水平等因素。

（二）征地案例比较测算法

根据本区片和其他可比区片征地案例的实际补偿标准，进行比较确定征地区片价。

具体步骤：

1. 选择征地案例；

2. 统一可比内涵；

3. 进行比较修正；

4. 计算征地区片价。

注意事项：

1. 征地案例要选择近三年之内发生的征地项目。

2. 征地案例的可比内涵要与征地区片价的设定内涵一致。

3. 对征地案例的比较修正应考虑区域因素、个别因素和时间因素等。

（三）年产值倍数测算法

根据年产值倍数分别计算土地补偿费和安置补助费确定征地区片价。

具体步骤：

1. 确定区片土地年产值；

2. 确定土地补偿倍数和安置补助倍数；

3. 计算区片土地补偿费和安置补助费；

4. 计算征地区片价。

注意事项：

1. 区片土地年产值依据统一年产值标准或者通过调查前三年产值确定。

2. 土地补偿倍数和安置补助倍数，应根据《土地管理法》有关规定，并考虑当地经济发展水平和基本生活保障水平确定。

七、验证和调整

征地区片价初步结果必须与现行征地补偿水平和被征地农民现有生活水平进行比较和验证，测算的征地区片价低于现行征地补偿水平和农民现有生活水平的，不足以支付失地农民社会保障费用的，需要进行调整。

注意事项：

1. 现行征地补偿水平通过对近期征地样点调查统计得到。

2. 农民现有生活水平主要根据统计部门的农村居民收入水平数据，并结合实地样点调查资料确定；失地农民的社会保障费用根据当地社会经济发展水平确定。

3. 征地区片价须折算成年度收益后，才能与农民现有生活水平相比较。

4. 征地区片价要与周边地区征地补偿标准相衔接。

八、听证和验收

根据《国土资源听证规定》，征地区片价必须依法组织听证，并根据听证情况进行修改，报省级国土资源部门综合平衡，评审验收。

九、测算成果要求

提交结果报告和技术报告。

（一）结果报告的主要内容

1. 征地区片价说明，包括区片价内涵、基准时点、测算时间、测算范围、区片分布、有关名词解释等；

2. 征地区片价表，表中内容包括各区片编号、区片价、位置、范围描述等；

3. 征地区片价分布图；

4. 征地区片价使用说明。

（二）技术报告的主要内容

1. 测算范围及其基本情况；

2. 测算原则与依据；

3. 测算技术路线与方法；

4. 测算过程与测算结果；

5. 测算结果分析与应用建议等。

国土资源部关于进一步做好征地管理工作的通知

各省、自治区、直辖市国土资源厅（国土环境资源厅、国土资源局、国土资源和房屋管理局、规划和国土资源管理局），新疆生产建设兵团国土资源局：

为贯彻落实党中央、国务院关于做好征地工作的一系列指示精神，以及日前国务院办公厅《关于进一步严格征地拆迁管理工作切实维护群众合法权益的紧急通知》（国办发明电〔2010〕15号，以下简称《紧急通知》）有关规定和要求，切实加强和改进征地管理，确保被征地农民原有生活水平不降低，长远生计有保障，现就有关事项通知如下：

一、推进征地补偿新标准实施，确保补偿费用落实到位

（一）全面实行征地统一年产值标准和区片综合地价。制定征地统一年产值标准和区片综合地价是完善征地补偿机制、实现同地同价的重要举措，也是提高征地补偿标准、维护农民权益的必然要求，各类建设征收农村集体土地都必须严格执行。对于新上建设项目，在用地预审时就要严格把关，确保项目按照公布实施的征地统一年产值标准和区片综合地价核算征地补偿费用，足额列入概算。建设用地位于同一年产值或区片综合地价区域的，征地补偿水平应基本保持一致，做到征地补偿同地同价。

各地应建立征地补偿标准动态调整机制，根据经济发展水平、当地人均收入增长幅度等情况，每2至3年对征地补偿标准进行调整，逐步提高征地补偿水平。目前实施的征地补偿标准已超过规定年限的省份，应按此要求尽快调整修订。未及时调整的，不予通过用地审查。

（二）探索完善征地补偿款预存制度。为防止拖欠征地补偿款，确保补偿费用及时足额到位，各地应探索和完善征地补偿款预存制度。在市县组织用地报批时，根据征地规模与补偿标准，测算征地补偿费用，由申请用地单位提前缴纳预存征地补偿款；对于城市建设用地和以出让方式供地的单独选址建设项目用地，由当地政府预存征地补偿款。用地经依法批准后，根据批准情况对预存的征地补偿款及时核算，多退少补。

省级国土资源部门应结合本省（区、市）实际情况，会同有关部门，建立健全征地补偿款预存的有关规章制度，并在用地审查报批时审核把关。

（三）合理分配征地补偿费。实行征地统一年产值标准和区片综合地价后，省级国土资源部门要会同有关部门，按照征地补偿主要用于被征地农民的原则，结合近年来征地实施情况，制定完善征地补偿费分配办法，报省级政府批准后执行。

征地批后实施时，市县国土资源部门要按照确定的征地补偿安置方案，及时足额支付补偿安置费用；应支付给被征地农民的，要直接支付给农民个人，防止和及时纠正截留、挪用征地补偿安置费的问题。

二、采取多元安置途径，保障被征地农民生产生活

（四）优先进行农业安置。各地应结合当地实际，因地制宜，采取多种有效的征地安置方式。在一些通过土地整治增加了耕地以及农村集体经济组织预留机动地较多的农村地区，征地时应优先采取农业安置方式，将新增耕地或机动地安排给被征地农民，使其拥有一定面积的耕作土地，维持基本的生产条件和收入来源。

（五）规范留地安置。在土地利用总体规划确定的城镇建设用地范围内实施征地，可结合本地实际采取留地安置方式，但要加强引导和管理。留用地应安排在城镇建设用地范围内，并征为国有；涉及农用地转用的，要纳入年度土地利用计划，防止因留地安置扩大城市建设用地规模；留用地开发要符合城市建设规划和有关规定要求。实行留用地安置的地区，当地政府应制定严格的管理办法，确保留用地的安排规范有序，开发利用科学合理。

（六）推进被征地农民社会保障资金的落实。将被征地农民纳入社会保障，是解决被征地农民长远生计的有效途径。各级国土资源部门要在当地政府的统一领导下，配合有关部门，积极推进被征地农民社会保障制度建设。当前，解决被征地农民社保问题的关键在于落实社保资金，本着"谁用地、谁承担"的原则，鼓励各地结合征地补偿安置积极拓展社保资金渠道。各地在用地审查报批中，要对被征地农民社保资金落实情况严格把关，切实推进被征地农民社会保障资金的落实。

实行新型农村社会养老保险试点的地区，要做好被征地农民社会保障与新农保制度的衔接工作。被征地农民纳入新农保的，还应落实被征地农民的社会保障，不得以新农保代替被征地农民社会保障。

三、做好征地中农民住房拆迁补偿安置工作，解决好被征地农民居住问题

（七）切实做好征地涉及的拆迁补偿安置工作。各地要高度重视征地中农民住房拆迁工作，按照《紧急通知》规定要求切实加强管理。农民住房拆迁补偿安置涉及土地、规划、建设、户籍、民政管理等多方面，同时也关系到社会治安、环境整治以及民俗民风等社会问题，市县国土资源部门应在当地政府的统一组织领导和部署下，配合相关部门，建立协调机制，制订办法，共同做好拆迁工作。要严格执行相关法律法规和政策规定，履行有关程序，做到先安置后拆迁，坚决制止和纠正违法违规强制拆迁行为。

（八）住房拆迁要进行合理补偿安置。征地中拆迁农民住房应给予合理补偿，并因地制宜采取多元化安置方式，妥善解决好被拆迁农户居住问题。在城市远郊和农村地区，主要采取迁建安置方式，重新安排宅基地建房。拆迁补偿既要考虑被拆迁的房屋，还要考虑被征收的宅基地。房屋拆迁按建筑重置成本补偿，宅基地征收按当地规定的征地标准补偿。

在城乡接合部和城中村，原则上不再单独安排宅基地建房，主要采取货币或实物补偿的方式，由被拆迁农户自行选购房屋或政府提供的安置房。被拆迁农户所得的拆迁补偿以及政府补贴等补偿总和，应能保障其选购合理居住水平的房屋。

（九）统筹规划有序推进征地拆迁。在城乡接合部和城中村，当地政府应根据城市发展需要，合理预测一段时期内征地涉及的农民住房拆迁安置规模，统筹规划，对拆迁安置用地和建造安置住房提前作出安排，有序组织拆迁工作。安置房建设要符合城市发展规划，防止出现"重复拆迁"。在城市远郊和农村地区，实行迁建安置应在村庄和集镇建设用地范围内安排迁建用地，优先利用空闲地和闲置宅基地。纳入拆并范围的村庄，迁建安置应向规划的居民点集中。有条件的地方应结合新农村或中心村建设，统筹安排被拆迁农户的安置住房。

四、规范征地程序，提高征地工作透明度

（十）认真做好用地报批前告知、确认、听证工作。征地工作事关农民切身利益，征收农民土地要确保农民的知情权、参与权、申诉权和监督权。市县国土资源部门要严格按照有关规定，征地报批前认真履行程序，充分听取农民意见。征地告知要切实落实到村组和农户，结合村务信息公开，采取广播、在村务公开栏和其他明显位置公告等方式，多形式、多途径告知征收土地方案。被征地农民有异议并提出听证的，当地国土资源部门应及时组织听证，听取被征地农民意见。对于群众提出的合理要求，必须妥善予以解决。

（十一）简化征地批后实施程序。为缩短征地批后实施时间，征地报批前履行了告知、确认和听证程序并完成土地权属、地类、面积、地上附着物和青苗等确认以及补偿登记的，可在征地报批的同时拟订征地补偿安置方案。征地批准后，征收土地公告和征地补偿安置方案公告可同步进行。公告中群众再次提出意见的，要认真做好政策宣传解释和群众思想疏导工作，得到群众的理解和支持，不得强行征地。

五、切实履行职责，加强征地管理

（十二）强化市县政府征地实施主体职责。依照法律规定，市县政府是征地组织实施的主体，对确定征地补偿标准、拆迁补偿安置、补偿费用及时足额支付到位、组织被征地农民就业培训、将被征地农民纳入社会保障等负总责。国土资源部门应在政府的统一组织领导下，认真履行部门职责，确保征地工作依法规范有序地进行。

（十三）落实征地批后实施反馈制度。建设用地批准后（其中国务院批准的城市建设用地，在省级政府审核同意农用地转用和土地征收实施方案后）6个月内，市县国土资源部门应将征地批后实施完成情况，包括实施征地范围和规模、履行征地批后程序、征地补偿费用到位、被征地农民安置及社会保障落实等情况，通过在线报送系统及时报送省级国土资源部门和国土资源部。省级国土资源部门要督促、指导市县做好报送工作，检查核实报送信息，及时纠正不报送、迟报送及报送错误等问题。各级国土资源部门要充分运用报送信息，及时掌握、分析征地批后实施情况，加强用地批后监管，确保按批准要求实施征地。

中华人民共和国国土资源部

二〇一〇年六月二十六日

镇江市征地补偿和被征地农民基本生活保障办法

第一章　总　则

第一条　为进一步加强征地补偿安置工作，维护被征地农民和农村集体经济组织合法权益，保障被征地农民基本生活，根据《江苏省土地管理条例》《江苏省征地补偿和被征地农民基本生活保障办法》等法规、政策规定，结合本市实际，制定本办法。

第二条　本办法所称征地补偿和被征地农民基本生活保障，是指国家将农民集体所有土地征收为国有后，依法给予被征地农民和农村集体经济组织补偿，并建立被征地农民基本生活保障制度，保障被征地农民基本生活的行为。

本办法所称被征地农民，是指农民集体所有土地被征收为国有后，从拥有该土地农村集体经济组织成员中产生的需要安置的人员。

第三条　在本市行政区域内实行征地补偿和被征地农民基本生活保障适用本办法。

大中型水利、水电工程、重点交通工程建设征地的补偿费标准和移民安置办法，国务院、省政府另有规定的，从其规定。

第四条　征地补偿和被征地农民基本生活保障由市、辖市人民政府、区人民政府、镇江新区管委会负责。国土资源部门具体负责征地补偿工作和征地补偿安置费用的解缴；财政部门负责征地补偿安置费用和基本生活保障资金的监督、管理；劳动和社会保障部门负责被征地农民基本生活保障资金的发放及个人账户管理，具体工作由各级农保经办机构负责；公安、农林、审计、监察、民政等部门按照各自职责，共同做好相关工作。

镇（街道）人民政府应配合做好征地补偿安置和被征地农民基本生活保障工作。

第五条　征地补偿标准和被征地农民基本生活保障待遇标准，依据当地土地价值和经济发展水平适时调整，由国土资源局、劳动和社会保障局会同财政局等有关部门提出调整方案，报市政府批准后实施。

参加被征地农民基本生活保障的人员同时参加其他各类社会保险的，

到达享受年龄段时，只能选择享受一种。

第六条　建立农民集体土地数据库和农业人口统计台账。

农民集体土地面积、类别以国土资源部门上一年度地籍变更调查资料为准，在当地村民小组张榜公示无异议后，由市、辖市国土资源部门建立台账。

农业人口统计台账由本区域村民小组统计填报、村民委员会汇总张榜公示，经镇（或者街道办事处，下同）人民政府会同当地公安派出机构审核确定，实行动态管理，并由镇人民政府分别报上一级劳动和社会保障部门、国土资源部门和公安部门备案。历次征收土地已进行征地补偿安置人员，户口在农村集体经济组织的国家机关或企事业单位（包括参照事业单位管理的）在编、退休、离职人员，不计入农业人口统计台账；其余户口在农村集体经济组织的人员（含户口在校大中专生或毕业后户口迁回人员、部队士官以及劳教人员和购买小城镇户口、户口现属原居住地派出所人员以及挂户人员）统一进入农业人口统计台账。

第二章　征地补偿安置

第七条　依法征收农村集体经济组织所有的土地，必须按规定的标准足额补偿。征地补偿费包括土地补偿费、安置补助费、地上附着物和青苗补偿费。

第八条　征收土地补偿标准根据所征收土地的不同类别，按耕地前三年平均年产值的相应倍数确定。京口区、润州区、镇江新区一般耕地前三年平均年产值为每亩2000元，菜地前三年平均年产值为每亩4000元；其他地区一般耕地前三年平均年产值为每亩1800元，菜地前三年平均年产值为每亩2600元。

一般耕地前三年平均年产值标准根据经济社会发展状况和物价水平，原则上每五年调整一次。如遇特殊情况，由市国土资源部门会同市物价、农林部门根据实际情况测算后适时调整，报市人民政府批准后实施。

第九条　土地补偿费标准

（一）征收耕地（含菜地，下同）、其他农用地、非农建设用地的，按一般耕地前三年平均年产值的10倍计算；

（二）征收鱼塘、果园、其他经济林地的，按一般耕地前三年平均年产值的 12 倍计算；

（三）征收未利用地的，按一般耕地前三年平均年产值的 5 倍计算。

第十条 安置补助费标准

（一）安置补助费按照需要安置的被征地农民人数计算。需要安置的被征地农民人数，按照被征收的农用地数除以征地前被征地单位人均农用地数计算。每一名需要安置的被征地农民安置补助费，京口区、润州区、镇江新区为 17000 元/人，其他地区为 13000 元/人。

（二）征收未利用地和非农建设用地的，不支付安置补助费。

第十一条 地上附着物补偿费标准（见附表 1）

房屋及其他建筑物、构筑物的补偿办法及标准按市、辖市、丹徒区人民政府的规定执行。

第十二条 青苗补偿费标准

（一）青苗补偿费按一季产值计算一次性补偿（见附表 2），能如期收获的不予补偿。苗木、花草以及多年生经济林木等作价收购补偿（见附表 3）；对附表 3 外的花木、苗圃以及多年生经济林木等协商作价收购补偿，协商不成的，由国土资源部门牵头，参照市场价格确定。

（二）在征地告知书送达后，擅自突击栽种的花草、林木、青苗及建造的地上附着物一律不予补偿；

（三）非农建设用地和无收益的非耕地不予补偿。

第十三条 征收土地经依法批准并公告后，被征收土地的所有权人、使用权人应当在公告规定期限内，持土地权属证书（或相关证明材料）到公告指定的国土资源部门办理征地补偿登记。

第十四条 国土资源部门应根据依法批准的征收土地方案，会同有关部门拟订征地补偿安置方案，在被征收土地所在地的镇（街道）、村予以公告，听取被征收土地的农村集体经济组织和农民的意见。征地补偿安置方案经依法批准后，由国土资源部门组织实施。

第十五条 被征收土地的农村集体经济组织或农村居民对征地补偿安置标准有争议的，由市、辖市区人民政府组织协调；协调不成的，当事人可提请批准征收土地的人民政府裁决。征地补偿标准争议在裁决前不停止征收行为的实施，裁决后按裁决的结果执行。

第三章　被征地农民基本生活保障

第十六条　被征地农民基本生活保障实行即征即保、应保尽保，并本着自愿原则，逐步与城镇企业职工养老保险接轨。

第十七条　征地需安置被征地农民按下列程序产生：

（一）国土资源部门在征地公告后，按提供备案的被征地村组农业人口统计台账，计算需要安置人数。

（二）征地需安置人员由被征地农村集体经济组织过半数以上成员同意提出，农村集体经济组织不健全的，由村委会提出名单，并在征地补偿安置方案公告发布后 15 日内上报安置人员名单。

（三）镇人民政府负责对被征地农村集体经济组织或村民委员会上报安置人员名单进行审核后，报上一级人民政府确定。

（四）经确定的安置人员名单，由村委会负责在被征地的农村集体经济组织进行张榜公示，公示时间为 5 日。经公示有异议的，由辖市、区人民政府组织劳动和社会保障、公安、国土资源部门审定。名单不能确定的，不影响土地的交付。

第十八条　被征地农民的名单确定后，由劳动和社会保障部门测算保障安置资金方案，做好被征地农民基本生活保障个人账户记载和资金发放。

村委会应当将被征地安置人员从农业人口统计台账中分离出来，并报公安户证管理机关备案。分离出原农村集体经济组织的居民不再享有农村土地承包经营权。

第十九条　市、辖市、丹徒区、镇江新区管委会设立被征地农民基本生活保障资金，纳入财政专户，实行收支两条线管理，专项用于被征地农民的基本生活保障。

第二十条　被征地农民基本生活保障资金专户由被征地农民基本生活保障个人账户和社会统筹账户组成。80% 的农用地土地补偿费和全部的安置补助费进入被征地农民基本生活保障个人账户。政府从土地出让金等有偿使用收益中按规定提取的资金进入社会统筹账户。

被征地农民基本生活保障个人账户资金按照银行同期存款利率计息。

财政部门应当在征地补偿安置方案批准之日起 3 个月内，根据国土资源部门提供的新征收土地面积将政府出资部分足额转入社会统筹账户。

第二十一条 征地补偿安置方案经批准后，市、辖市、丹徒区、镇江新区国土部门应当在征地补偿安置方案批准之日起 3 个月内，将被征地农民 80% 的农用地土地补偿费和全部安置补助费划入同级财政部门在银行设立的被征地农民基本生活保障资金个人账户；将 20% 的农用地土地补偿费和未利用地、集体非农建设用地全额的土地补偿费支付给被征地农村集体经济组织；将青苗补偿费及地上附着物补偿费支付给青苗和地上附着物所有者。京口、润州区被征地农民基本生活保障资金个人账户资金不足 4.5 万元的，补贴至 4.5 万元，补贴部分资金列入征地成本；高于 4.5 万元的部分，由劳动和社会保障部门退还给被征地农民。

第二十二条 支付给被征地农村集体经济组织的土地补偿费，应单独建立农村集体经济组织土地补偿费资金账户，实行组有镇管、封闭运作、专款专用，用于解决历史遗留的被征地农民的生活问题，以及农村集体经济组织发展生产和公益性事业，不得挪作他用，并接受财政、农林、审计部门的监督管理。

第二十三条 不计入农业人口数据库的人员在农村集体经济组织仍有承包地的，其承包地调整前被征收时，享有地上附着物和青苗补偿费，并按该村民小组本项目被征地农民人均农用地面积土地补偿费 80% 的标准给予一次性补偿（其承包地小于该村民小组本项目征地人均农用地面积的，按其承包地面积的土地补偿费的 80% 计算），但不享有安置补助费。

第二十四条 征地补偿安置费用按规定足额支付到位后，国土部门向被征地农村集体经济组织发出交地通知，被征地农村集体经济组织应当按交地通知书明确的期限交付土地，不得以任何理由拖延或拒绝。拒绝交地的，由县级以上人民政府国土资源部门申请人民法院强制执行。

征地补偿安置费没有按规定足额到位的，被征地农村集体经济组织及其成员有权拒绝交地。

第二十五条 被征地农民基本生活保障资金来源：

（一）80% 的农用地土地补偿费和全部安置补助费。

（二）政府从土地出让金等土地有偿使用收益中列支的部分。市、丹徒区人民政府按当年新征收土地面积计算，每亩计提 1 万元（划拨供地的按每亩 1 万元直接列入征地成本）。

（三）本市城市规划区范围内凡涉及企业退城进区、开发区建设等有偿使用收益享受先征后返扶持政策的（包括存量和增量土地），在返还前每亩计提 1 万元，作为政府从土地出让金等有偿使用收益中列支的部分。

（四）被征地农民基本生活保障资金的利息及其增值收入。

（五）其他可用于被征地农民基本生活保障的资金。

基本生活保障资金不足支付的，由同级财政部门负责解决。

第二十六条　经依法批准征收土地后，以土地补偿安置方案批准之日为界限，将被征地农民划分为五个年龄段：

（一）第一年龄段为 16 周岁以下；

（二）第二年龄段为男 16 周岁以上至 40 周岁、女 16 周岁以上至 35 周岁；

（三）第三年龄段为男 40 周岁以上至 50 周岁、女 35 周岁以上至 45 周岁；

（四）第四年龄段为男 50 周岁以上至 60 周岁、女 45 周岁以上至 55 周岁；

（五）第五年龄段为男 60 周岁以上、女 55 周岁以上。

以上所称"以上"均包含本数。

第二十七条　第一至第五年龄段被征地农民统一纳入本办法规定的被征地农民基本生活保障体系。

被征地农民可自愿按规定选择参加企业职工基本养老保险。

第五年龄段人员只能参加被征地农民基本生活保障。

第二十八条　第一至第五年龄段被征地农民统一纳入本办法规定的被征地农民基本生活保障体系，并按照不同的年龄段，实行不同的保障标准。京口、润州区保障标准按本办法的附件执行（见附表4）。辖市、丹徒区、镇江新区保障标准由辖市、丹徒区人民政府和镇江新区管委会制定执行，并根据本地区社会经济发展及物价指数的变动适时调整。

（一）第一年龄段人员一次性领取生活补助费，京口、润州区第一年龄段人员 10000 元，其他地区第一年龄段人员为 8000 元，所需资金从其个人账户中列支。到达第五年龄段时，按月领取被征地农民基本生活养老金。

（二）第二年龄段人员，从实行基本生活保障的当月起，按月领取生活补助费，期限为两年；到达养老年龄时，按月领取养老金。

（三）第三至第四年龄段人员，从实行基本生活保障的当月起，至到达养老年龄时，按月领取生活补助费；到达养老年龄时，按月领取养老金。

（四）第五年龄段人员，从实行基本生活保障的当月起按月领取养老金。

第二十九条　第二至第四年龄段被征地农民，可自愿选择参加企业职工基本养老保险，到达养老年龄时，按照社会保险政策相关规定享受相应的养老待遇。具体实施办法由市劳动和社会保障等部门制定。

参加被征地农民基本生活保障的人员同时参加其他各类社会保险的，到达享受年龄段时，只能选择一种社会保险待遇。

第三十条　被征地农民必须参加居民医疗保险，享受相应的居民医疗保险待遇。参加居民医疗保险应交的费用，从被征地农民基本生活保障资金个人账户中列支，具体按照市相关政策规定执行。

第三十一条　参加基本生活保障人员因出国定居、大学录取以及迁居外地等特殊情况，本人提出终止基本生活保障关系的，须出具有关证明，经当地被征地农民基本生活保障领导小组办公室核准后，可一次性申领个人账户资金余额，列入征地成本补贴个人账户的资金不支付给本人，统一进入社会统筹账户。参加基本生活保障人员死亡时，其个人账户本息余额一次性结清给其法定继承人或指定受益人。

第三十二条　被征地农民家庭符合最低生活保障条件的，可向户籍所在地民政部门申请享受当地居民最低生活保障。

第四章　促进就业

第三十三条　参加基本生活保障或企业职工基本养老保险的被征地农民，在法定劳动年龄内有劳动能力和就业要求但未能就业的，视同城镇登记失业人员，发给《就业失业登记证》，享受相应的就业扶持政策；对就业困难的被征地农民，视同城镇失业就业困难群体，在《就业失业登记证》对应类别栏目上加以认定和标注，发给《再就业优惠证》，享受相应的优惠扶持政策。

第三十四条　劳动和社会保障部门要有计划、有步骤地组织被征地农民进行就业前的职业技能培训，并提供职业介绍、职业指导等就业服务。在法定劳动年龄内参加基本生活保障或企业职工基本养老保险的被征地农民，凭相关证明可免费参加劳动和社会保障部门组织的下岗失业人员技能培训。

被征地农民参加有关就业扶持和免费就业服务所需资金，由各级人民政府在当地的土地有偿收益中按每人 1500 元标准一次性安排划出，与促进就业专项资金统一使用。

第三十五条　各级农保经办机构用于被征地农民基本生活保障工作经费由同级财政解决。京口、润州区劳动保障经办机构用于购置被征地农民基本生活保障办公设备的费用，由市财政解决。

第五章　附则

第三十六条　被征地农民基本生活保障基金、增值部分以及保障人员领取的基本生活保障金、生活补助费，按国家有关规定免征税费。

第三十七条　以伪造有关证件或者其他手段冒领、虚领有关费用的，由经办机构负责追回，构成犯罪的依法追究刑事责任。

第三十八条　国家工作人员在被征地农民基本生活保障工作中玩忽职守、滥用职权、徇私舞弊的，依法给予行政处分；构成犯罪的，依法追究刑事责任。

第三十九条　各辖市、丹徒区人民政府和镇江新区管委会可根据本办法调整修订本行政区域内的征地补偿和被征地农民基本生活保障标准，并报镇江市人民政府备案。

第四十条　本办法自 2010 年 1 月 1 日起施行，凡过去本市有关规定与本办法不一致的，按本办法执行。如上级政府有新的规定时，按新规定执行。《关于调整征地补偿标准的通知》（镇政发〔2004〕31 号）、《修改〈关于调整征地补偿标准的通知〉部分条款的通知》（镇政发〔2007〕91 号）、《镇江市被征地农民基本生活保障实施细则》（镇政发〔2006〕40 号）和《关于修改〈镇江市被征地农民基本生活保障实施细则〉的通知》（镇政发〔2007〕47 号）同时废止。

镇江市人民政府办公室
2009 年 12 月 25 日印发

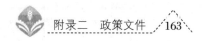

附表 1 　　　　　　　　　　　地上附着物补偿标准

品种归类	规 格		单 位	标 准（元）		
喷灌设施			亩	3000		
大棚	塑料小棚		亩	800		
	竹竿大棚			1500		
	钢管大棚	普通		3000		
		连栋		6000		
塑料地膜			亩	200		
沼气池			立方米	80		
水井	砖井		米	150		
	土井		口	300		
水泥场地			平方米	50		
迁坟	水泥坟		穴	2200	提供墓穴安葬的	500
	土坟		穴	2000		300
粪坑	土、水泥、砖		口	50~150		
粪缸			只	80		
化粪池			座	300		
道路	水泥		平方米	80		
	沥青		平方米	100		
	沙石		平方米	20		
护坡设施	水泥		平方米	30		
	水泥板		平方米	60		
	石驳		立方米	100		
水泥涵管	直径 40 厘米以下		米	40		
	直径 40~60 厘米		米	60		
	直径 60~80 厘米		米	80		
	直径 80 厘米以上		米	100		
明渠	水泥板		米	100		
	砖混结构					
	水泥					
垃圾箱	砖彻		座	3000		
围墙	空斗		平方米	40		
	实砌		平方米	60		
简易房	厕所、猪舍等		平方米	300		
生产用房	配电房、泵房等		平方米	1000		
水泥跳板			块	100		

注：迁坟费用由用地单位和坟主按标准直接实施补偿。

附表2 青苗补偿标准

品种类别	标准（元/亩）	
水田	1000	
旱地	800	
蔬菜	1200	
茶叶	4000	
鱼塘（含开挖费）	一般鱼塘	3000
	精养鱼塘	4000

附表3 树木、花木补偿标准

类别	说明	规格	单位	标准（元）
一般树木	树木直径从1.2米高处计算	5厘米以下（含5厘米，下同）	棵	5
		5～10厘米		10
		10～20厘米		30
		20cm以上		40
花木（苗圃）	庭院观赏地栽花木，参照一般树木提高50%补偿		亩	2000
果树		110棵/亩（含本数）以下的，按棵计算	棵	50
		110棵/亩（不含本数）以上的，按亩计算	亩	5500

附表4 被征地农民基本生活保障标准

地区	年龄段	保障标准：（元/月）	
		生活补助费	养老金（参加保障的人员到达养老年龄时方可领取）
京口润州	第二年龄段	215	330
	第三年龄段	120	
	第四年龄段	205	
	第五年龄段	—	

参 考 文 献

[1] 毕宝德. 土地经济学 [M]. 北京: 中国人民大学出版社, 2001.

[2] 蔡传斌, 方竞. 失地农民安置方式及其影响因素分析 [J]. 乡镇经济, 2006 (12): 16 - 18.

[3] 蔡运龙. 中国经济高速发展中的耕地问题 [J]. 资源科学, 2000 (22): 24 - 28.

[4] 陈江龙. 经济快速增长阶段农地非农化问题研究 [D]. 南京农业大学, 2003.

[5] 陈利根, 陈会广. 土地征用制度改革与创新——一个经济学分析框架 [J]. 中国农村观察, 2003 (3): 38 - 41.

[6] 陈美球, 黄靓, 王亚平. 土地征用安置补偿农民意愿的实证分析 [J]. 农村经济, 2009 (11): 23 - 25.

[7] 陈孟平. 农民城市化与农地非农化 [J]. 城市问题, 2012 (4): 62 - 65.

[8] 陈信勇, 蓝邓骏. 失地农民社会保障的制度建构 [J]. 中国软科学, 2004 (3): 15 - 21.

[9] 陈颐. 论 "以土地换保障" [J]. 学海, 2000 (3): 93 - 97.

[10] 陈莹, 谭术魁, 张安录. 公益性、非公益性土地征收补偿的差异性研究——基于湖北省 4 市 54 村 543 户农户问卷和 83 个征收案例的实证 [J]. 管理世界, 2009 (10): 72 - 79.

[11] 陈莹. 土地征收补偿及利益关系研究——湖北省的实证研究 [D]. 华中农业大学, 2008.

[12] 陈占锋. 我国城镇化进程中失地农民生活满意度研究 [J]. 国家行政学院学报, 2013 (1): 55 - 62.

[13] 成程, 陈利根. 程序公正、货币补偿与集中居住农民满意度分

析［J］. 统计与决策，2014（5）：80-83.

［14］丛旭文，王怀兴. 各利益主体权衡下的农民土地征收与补偿制度研究［J］. 东南学术，2012（5）：143-149.

［15］丛旭文. 中国失地农民社会保障问题研究［D］. 吉林大学，2013.

［16］窦祥铭. 土地征收补偿标准市场化改革探讨［J］. 农业经济，2014（7）：9-11.

［17］段春阳，谭晓婷，周静. 新型农村合作医疗参合农民满意度状况实证研究［J］. 农业经济，2011（11）：78-80.

［18］段坤君. 我国土地征收的补偿制度与安置模式研究［D］. 湖南农业大学，2010.

［19］方凯，王厚俊. 基于因子分析的农村公共品农民满意度评价研究——以湖北省农户调查数据为例［J］. 农业技术经济，2012（6）：30-36.

［20］冯贞柏. 国际经验与中国城镇化建设的指导原则［J］. 生态经济（学术版），2009（1）.

［21］高跟娣. 陕西省失地农民养老保障制度的现状、问题及对策研究［D］. 西北大学，2008.

［22］高进云. 农地城市流转中农民福利变化研究［D］. 华中农业大学，2008.

［23］高勇. 关注失地农民就业问题［N］. 经济日报，2004.4.1.

［24］高志宏. 土地征收中的利益博弈与法律制衡［J］. 江苏社会科学，2014（1）：167-172.

［25］龚永华. 公共政策视角的征地补偿安置问题研究［D］. 湘潭大学，2007.

［26］郭玲霞. 农地城市流转对失地农户福利影响及征地补偿研究［D］. 华中农业大学，2012.

［27］韩纪江，孔祥智. 不同类型的失地农民及其征地补偿分析［J］. 经济问题探索，2005（6）：65-66.

［28］何晓丹等. 浙江省征地补偿费用标准的合理确定［J］. 浙江大学学报（农业与生命科学版），2006（2）：227-231.

[29] 贺伟，龙立荣．实际收入水平、收入内部比较与员工薪酬满意度的关系——传统性和部门规模的调节作用 [J]．管理世界，2011 (4)：98 - 110.

[30] 洪名勇．论马克思的土地产权理论 [J]．经济学家，1998 (1)：28 - 33.

[31] 胡健敏，曾令秋．我国征地行为中农民权益保障的思考 [J]．农村经济，2011 (8)：27 - 31.

[32] 黄贤金等．中国农村土地市场运行机理分析 [J]．江海学刊，2001 (2)：9 - 15.

[33] 季正琦．上海市失地农民征地安置补偿问题研究 [D]．华东理工大学，2014.

[34] 冀县卿，钱忠好．基于市民化后失地农民视角的征地制度满意度研究：来自江苏省的调查数据 [J]．中国土地科学，2011 (11)：8 - 13.

[35] 江帆．农村征地补偿费分配管理中存在的问题及法律对策 [J]．农村经济，2006 (8)：25 - 30.

[36] 金晶，张兵．城市化进程中失地农民的安置补偿模式探析——基于江苏省16县（市、区）320户失地农民安置补偿模式的调查分析 [J]．城市发展研究，2010 (5)：74 - 79.

[37] 晋洪涛，史清华，俞宁．谈判权、程序公平与征地制度改革 [J]．中国农村经济，2010 (12)：4 - 16.

[38] 靳相木，姚先国．农地非农化管理的分权取向改革及其情景模拟 [J]．公共管理学报，2010 (7)：10 - 20.

[39] 康钧，张时飞．京郊失地农民生存状况调查报告 [J]．中国改革，2005 (5)：68 - 71.

[40] 康雄华．农村集体土地产权制度和土地使用权流转研究 [D]．华中农业大学，2006.

[41] 孔祥利等．农民失地的路径、成因与对策 [J]．云南民族大学学报（哲学社会科学版），2004 (6)：93 - 98.

[42] 孔祥智，王志强．我国城镇化进程中失地农民的补偿 [J]．经济理论与经济管理，2004 (5)：14 - 19.

[43] 李桂安. 不同类型金融机构与农村中小企业信贷可获性 [D]. 南京农业大学, 2013.

[44] 李国健. 被征地农民的补偿安置研究 [D]. 山东农业大学, 2008.

[45] 李平, 张小芳, 张晶. 房地产行业顾客满意度影响因素的实证研究 [J]. 湖南大学学报 (社会科学版), 2007 (6): 50-54.

[46] 李树国, 马仁会. 对我国土地利用分类体系的探讨 [J]. 中国土地科学, 2000 (1): 39-40.

[47] 李轩. 中法土地征用制度比较研究 [J]. 行政法学研究, 1999 (2): 30-36.

[48] 李一平. 城市化进程中失地农民利益受损的制度分析与对策 [J]. 中州学刊, 2004 (2): 144-147.

[49] 李增刚. 前提、标准和程序: 中国土地征收补偿制度完善的方向 [J]. 学术月刊, 2015, 47 (1): 24-30.

[50] 李喆. 农村土地征收补偿制度研究 [J]. 法制与社会, 2017 (5): 219-220.

[51] 李珍贵. 美国土地征用制度 [J]. 中国土地, 2001 (4): 45-46.

[52] 李忠健. 对我国失地农民问题的深层思考 [J]. 集团经济研究, 2006 (10): 48-49.

[53] 梁凡. 失地农民补偿方式研究 [D]. 西南财经大学, 2011.

[54] 梁爽. 土地非农化过程中的收益分配及其合理性评价——以河北省涿州市为例 [J]. 中国土地科学, 2009 (1): 4-8.

[55] 林丹. 我国征地补偿问题研究综述 [J]. 长春理工大学学报, 2011 (2): 69-71, 75.

[56] 林刚. 中国土地征收制度改革研究——由温州实践引发的思考 [D]. 同济大学, 2008.

[57] 林兰媛, 邱晓平. 城镇化发展的国际经验及其借鉴 [J]. 农业经济, 2005 (11).

[58] 林乐芬, 金媛. 征地补偿政策效应影响因素分析——基于江苏省镇江市 40 个村 1703 户农户调查数据 [J]. 中国农村经济, 2012 (6):

20 – 30.

［59］林其玲. 我国征地补偿制度问题分析［J］. 农业经济问题，2009（10）：19 – 24.

［60］林依标. 被征地农民差异性受偿意愿研究［D］. 福建农林大学，2010.

［61］林毅夫，李永军. 中小金融机构发展与中小企业融资［J］. 经济研究，2001（1）.

［62］刘芳. 外部利润——同意一致性与农地非农化制度创新—昆山模式的理论解析及政策含义［D］. 南京农业大学，2014.

［63］刘凤瑜，张金成. 员工工作满意度调查问卷的有效性及民营企业员工工作满意度影响因素研究［J］. 南开管理评论，2004（3）：98 – 104.

［64］刘民培，卢建峰. 国外土地征收补偿制度的比较及对中国的借鉴［J］. 世界农业，2010（11）：41 – 44.

［65］刘守英. 政府垄断土地一级市场真的一本万利吗?［J］. 中国改革，2005（7）：20 – 23.

［66］刘卫东，彭俊. 征地补偿费用标准的合理确定［J］. 中国土地科学，2006（2）：7 – 11.

［67］刘祥琪，陈钊，赵阳. 程序公正先于货币补偿：农民征地满意度的决定［J］. 管理世界，2012（2）：44 – 51.

［68］刘祥琪. 我国征地补偿机制及其完善研究［D］. 南开大学，2010.

［69］刘晓霞. 我国城镇化进程中的失地农民问题研究［D］. 东北师范大学，2009.

［70］刘燕萍. 征地制度创新与合理补偿标准的确定［J］. 中国土地，2006（2）：25 – 26.

［71］刘阳. 政治环境与恶性通胀背景下的币制改革——基于有序Probit 的分析［D］. 山东大学，2014.

［72］柳志伟. 农地征收的补偿问题研究［D］. 湖南大学，2007.

［73］卢丽华. 加拿大土地征用制度及其借鉴［J］. 中国土地，2000（8）：44 – 46.

[74] 卢新海. 城市化进程中的土地需求与供给 [J]. 中国房地产, 2004 (1): 30 - 32.

[75] 吕振臣. 我国土地征用出让过程中和谐土地利益机制构建研究 [D]. 同济大学, 2007.

[76] 罗丹, 严瑞珍, 陈洁. 不同农村土地非农化模式的利益分配机制比较研究 [J]. 管理世界, 2004 (9): 87 - 96.

[77] 罗淼, 赵俊. 我国农村集体土地征收中的利益博弈及其法律规制 [J]. 科学经济社会, 2012 (2): 161 - 165.

[78] 罗文春. 基于农民意愿的土地征收补偿研究 [D]. 西北农林科技大学, 2011.

[79] 马保庆等. 非农业建设土地使用制度改革研究及应用 [J]. 中国土地科学, 1998 (4): 27 - 32.

[80] 马庆国. 管理统计 [M]. 北京: 科学出版社, 2002.

[81] 穆向丽. 农用地使用权征用的补偿制度研究 [D]. 华中农业大学, 2010.

[82] 潘锋, 毛锦凰. 不同地区失地农民社会保障探析及政策建议——以甘肃省为例 [J]. 发展, 2006 (6): 26 - 28.

[83] 潘奕帆. 我国土地征收程序研究 [D]. 郑州大学, 2011.

[84] 齐睿, 李珍贵, 李梦洁. 被征地农民安置制度探析 [J]. 中国土地科学, 2014 (3): 39 - 45.

[85] 钱忠好. 现行土地征用制度的理性反思 [J]. 南京社会科学, 2014 (1): 1 - 5.

[86] 乔小雨. 中国征地制度变迁研究 [D]. 中国矿业大学, 2010.

[87] 秦海荣. 关于对农村集体非农建设用地流转的理解 [J]. 中国土地, 1995 (10): 17.

[88] 秦秋兰. 城中村问题与留地安置方式探析——以安徽省凤台县城关镇缪郢社区 (村) 为例 [J]. 小城镇建设, 2008 (4): 73 - 76.

[89] 曲福田, 陈江龙, 陈会广. 经济发展与中国土地非农化 [M]. 北京: 商务印书馆, 2007.

[90] 曲福田, 陈江龙, 冯淑怡等. 经济发展与土地可持续利用

[M]. 北京：人民出版社，2001.

[91] 曲福田等. 土地价格及分配关系与农地非农化经济机制研究——以经济发达地区为例 [J]. 中国农村经济，2001 (12).

[92] 任浩，郝晋珉. 剪刀差对农地价格的影响 [J]. 中国土地科学，2003 (3)：38 –43.

[93] 邵绘春. 城市化进程中农民土地权益变化研究 [D]. 南京农业大学，2010.

[94] 单菁菁. 城市化过程中农民权益保护的国际经验 [J]. 中国经贸导刊，2011 (6)：36 –39.

[95] 宋戈，吴次芳，王杨. 黑龙江省耕地非农化与经济发展的 Granger 因果关系研究 [J]. 中国土地科学，2006 (3)：32 –37.

[96] 宋怡欣，张炳达. 农户土地征收补偿机制公平性缺失与变革 [J]. 湖南农业大学学报 (社会科学版)，2014，15 (5)：83 –88.

[97] 孙民. 被征地农民安置问题的研究 [D]. 同济大学，2007.

[98] 孙永军. 我国失地农民安置问题 [J]. 合作经济与科技，2007 (4)：69 –70.

[99] 谈明洪等. 我国城市用地扩张的驱动力分析 [J]. 经济地理，2003 (5)：635 –639.

[100] 唐洪潜，郭晓鸣，沈茂英. 当前农用土地非农化问题的调查与分析 [J]. 农业经济问题，1993 (4)：45 –50.

[101] 汪晖，陶然. 论土地发展权转移与交易的"浙江模式"——制度起源、操作模式及其重要含义 [J]. 管理世界，2009 (8)：39 –52.

[102] 汪晖. 城乡结合部的土地征用：征用权与征地补偿 [J]. 中国农村经济，2002 (2)：40 –46.

[103] 王成艳，岳茂锐，孔玲. 城乡统筹下的农地非农化制度改革 [J]. 山东农业大学学报 (社会科学版)，2014 (4)：80 –84.

[104] 王定祥，李伶俐. 城镇化、农地非农化与失地农民利益保护研究——一个整体性视角与政策组合 [J]. 中国软科学，2006 (10)：20 –31.

[105] 王锋. 审慎征地与合理补偿：当前失地农民满意度调查之反思 [J]. 农村经济，2010 (8)：40 –43.

[106] 王海全，龚晓. 土地非农化控制低效原因探析 [J]. 农业经济，2005 (12)：16-17.

[107] 王凯，唐承财，刘家明. 文化创意型旅游地游客满意度指数测评模型——以北京798艺术区为例 [J]. 旅游学刊，2011 (9)：36-44.

[108] 王良健，罗凤. 基于农民满意度的我国惠农政策实施绩效评估——以湖南、湖北、江西、四川、河南省为例 [J]. 农业技术经济，2010 (1)：56-63.

[109] 王林涛. 我国土地征收补偿纠纷的一点思考 [J]. 天水行政学院学报，2009 (6)：100-103.

[110] 王淑华. 财产权与征收权平衡视角下的土地征收补偿 [J]. 东岳论丛，2011，32 (2)：184-187.

[111] 王曙光，王铭浩. 我国征用补偿的问题及对策分析 [J]. 经济研究导刊，2012 (8)：1-2.

[112] 王伟林，黄贤金，陈志刚. 发达地区农户被征地意愿及其影响因素——基于苏州农户调查的实证研究 [J]. 中国土地科学，2009 (4)：76-80.

[113] 王小映. 全面保护农民的土地财产权益 [J]. 中国农村经济，2013 (10)：9-16.

[114] 王晓刚，陈浩. 失地农民就业质量的影响因素分析——以武汉市江夏区龚家铺村为例 [J]. 城市问题，2014 (1)：63-70.

[115] 王心良. 基于农民满意度的征地补偿研究 [D]. 浙江大学，2011.

[116] 王新生. 执拗的个体权利与无言的公共利益——重庆"最牛钉子户"事件宪法学评析 [J]. 山东社会科学，2008 (4)：43-47.

[117] 王旭熙，刘邵权，彭立等. 城镇化进程中失地农民征地补偿满意度研究——以成都周边典型区域为例 [J]. 广东农业科学，2014 (15)：226-230.

[118] 王振波，方创琳，王婧. 城乡建设用地增减挂钩政策观察与思考 [J]. 中国人口·资源与环境，2012 (1)：96-102.

[119] 王志明. 社会主义条件下土地价格形成理论的探讨 [J]. 当代

财经, 1991 (11): 30 - 33.

[120] 王竹梅. 土地征收补偿制度中的农民权益保护研究 [D]. 中国人民大学, 2005.

[121] 魏嫚, 刘锦, 胡宏伟. 浅析我国失地农民的补偿与保障 [J]. 科技创业月刊, 2006 (1): 184 - 185.

[122] 温铁军:《八次危机: 中国的真实经验 1949—2009》, 东方出版社 2013 年版。

[123] 文贯中. 土地制度必须允许农民有退出自由 [J]. 社会观察, 2008 (11).

[124] 吴次芳, 鲍海君. 城市化进程中的征地安置途径探索 [J]. 中国土地, 2003 (4): 13 - 15.

[125] 吴炜, 刘琼, 易娜等. 网上银行业务顾客满意度及忠诚度问题研究 [J]. 金融论坛, 2010 (1): 72 - 78.

[126] 肖亮. 农村公共品供给农民满意度分析及评价 [J]. 农业技术经济, 2012 (7): 71 - 76.

[127] 肖绮芳, 张换兆. 日本城市化、农地制度与农民社会保障制度关联分析 [J]. 亚太经济, 2008 (3): 64-66.

[128] 谢平. 关于农民征地补偿费分配问题研究 [J]. 农业经济, 2006 (8): 54 - 55.

[129] 徐晓波. 小官何以巨腐——以土地征收补偿中的具体权力与抽象权力划分为例 [J/OL]. 理论与改革, 2017 (3): 94 - 103.

[130] 徐元明. 失地农民市民化的障碍与对策 [J]. 现代经济探讨, 2014 (11): 20 - 23, 27.

[131] 薛军. 中国农地征收制度研究: 基于效率与公平的视角 [D]. 云南大学, 2013.

[132] 薛小建. 征地补偿制度法律问题探讨 [J]. 政法论坛, 2010 (9): 124 - 129.

[133] 严金明, 蔡运龙. 小城镇发展与合理用地 [J]. 农业经济问题, 2000 (1).

[134] 颜妮. 土地征收补偿制度中的农民权益保护研究 [J]. 法制博

览，2015 (15): 54 - 56.

[135] 杨春松等. 门诊药房服务满意度调查研究及国内满意度调查的系统评价 [J]. 中南药学，2014 (12): 1161 - 1165.

[136] 杨富堂. 交易视角下农地征收的线性补偿研究 [J]. 农业经济问题，2011 (5): 9 - 14.

[137] 杨进，张迎春. 关于改革农村土地征用制度的思考 [J]. 经济体制改革，2005 (1): 75 - 79.

[138] 杨盛海，曹金波. 失地农民市民化的瓶颈及对策思路 [J]. 广西社会主义学院学报，2005 (5): 31 - 34.

[139] 姚少英. 有序 Probit 模型的非参贝叶斯统计——关于工作满意度的实证分析 [D]. 华东理工大学，2012.

[140] 叶剑平，丰雷，蒋妍等. 2008 年中国农村土地使用权调查研究——17 省份调查结果及政策建议 [J]. 管理世界，2010 (1): 64 - 73.

[141] 伊利等. 土地经济学原理 [M]. 北京：商务印书馆，1982.

[142] 阴永生. 完善我国土地征收补偿制度的研究 [D]. 清华大学，2005.

[143] 俞万源，冯亚芬，梁锦梅. 基于游客满意度的客家文化旅游开发研究 [J]. 地理科学，2013 (7): 824 - 830.

[144] 曾宪明. 论我国现行农地制度中公平与效率的博弈 [J]. 农村经济，2010 (12): 25 - 29.

[145] 曾桢，朱玉婷. 基于进化博弈的农村土地征收问题分析 [J]. 贵州社会科学，2013 (6): 128 - 131.

[146] 张爱萍. 被征农用土地的增值及其收益分配研究 [D]. 重庆大学，2006.

[147] 张安录. 城乡生态经济交错区农地城市流转机制与制度创新 [J]. 中国农村经济，1999 (7): 43 - 49.

[148] 张宏斌，贾生华. 土地非农化调控机制分析 [J]. 经济研究，2001 (12): 50 - 54.

[149] 张建飞. 征地过程中农民权益的法律保护——征地法律制度完善探析 [J]. 法学杂志，2006 (2): 80 - 82.

［150］张丽.农地城市流转中的农民权益保护研究［D］.华中科技大学，2011.

［151］张蕊.国外土地征收补偿制度考察［J］.重庆科技学院学报（社会科学版），2011（2）：53－55.

［152］张术环.征地补偿安置与新农村建设中的利益协调问题［J］.农村经济，2010（11）：45－48.

［153］赵建军.基于地租理论的土地价格形成机制与城乡土地协调利用［J］.中国农村土地整治与城乡协调发展研究，2012（8）.

［154］赵萌.基于公平与效率角度的土地征收补偿问题探讨［J］.现代经济信息，2014（15）：38.

［155］郑浩澜.中国农地征用的制度环境分析——以浦东新区为研究个案［J］.战略与管理，2013（4）：86－94.

［156］中华人民共和国农业部.新中国农业六十年统计资料［M］.北京：中国农业出版社，2009.

［157］钟水映，李魁.征地安置满意度实证分析［J］.中国土地科学，2008（6）：63－69.

［158］衷向东，任庆恩.土地征收、土地权利变动与征地制度改革——由一起征地补偿纠纷展开［J］.中国行政管理，2005（3）：48－51.

［159］周诚.农地征用中的公正补偿［J］.中国土地，2004（1）：29－30.

［160］周飞.土地征用制度改革的理论分析与实证研究［D］.南京师范大学，2005.

［161］周其仁.农地产权与征地制度——中国城市化面临的重大选择［J］.经济学季刊，2004（10）.

［162］周青，黄贤金.快速城镇化农村区域土地利用变化及驱动机制研究——以江苏省原锡山市为例［J］.资源科学，2004（6）：22－29.

［163］周伟，车江洪.农村土地非农化过程中农民利益保障问题的对策研究［J］.中国农村经济，1996（8）：45－49.

［164］周艳.论我国的土地征收制度［D］.中国海洋大学，2011.

［165］朱道林等.土地征用的公共利益原则与制度需求的矛盾［J］.

国土资源，2013（11）：38－40.

[166] 朱明芬. 浙江失地农民利益保障现状调查及对策 [J]. 中国农村经济，2003（3）：65－80.

[167] 朱晓渭. 农村土地流转制度创新与地方政府选择 [D]. 西北大学，2007.

[168] 诸培新，卜婷婷，吴正廷. 基于耕地综合价值的土地征收补偿标准研究 [J]. 中国人口·资源与环境，2011（9）：32－37.

[169] 诸培新，曲福田. 从资源环境经济学角度考察土地征用补偿价格构成 [J]. 中国土地科学，2003（3）：10－14.

[170] 诸培新，曲福田. 农地非农化配置中的土地收益分配研究——以江苏省 N 市为例 [J]. 南京农业大学学报（社会科学版），2006（3）：1－6.

[171] 诸培新，任艳利，曲福田. 经济发达地区耕地非市场价值及居民支付意愿研究——以南京市为例 [J]. 中国土地科学，2010（6）：50－55.

[172] 诸培新，唐鹏. 农地征收与供应中的土地增值收益分配机制创新——基于江苏省的实证分析 [J]. 南京农业大学学报（社会科学版），2013（1）：66－72.

[173] 左弦. 我国土地征收过程中政府行为及职能定位研究 [D]. 中国海洋大学，2010.

[174] Ash, R. A., Bretz, R. D., & Dreher, G. F., 1965. The Measurement and Dimensionality of Compensation Satisfaction in Law Enforcement. The 5th Annual Meeting of the Society for Industrial and Organizational Psychology (SIOP).

[175] Carraher, S. M., & Scarpello, V., 1993. An Examination of the Dimensions of Compensation Satisfaction as Measured by the PSQ. Proceedings of the Southern Management Association.

[176] Carraher, S. M., 1991. A Validity Study of the Pay Satisfaction Questionnaire (PSQ). *Journal of Educational and Psychological Measurement*, Vol. 51, pp. 491－495.

[177] Ding, C., 2007. Policy and Praxis of Land Acquisition in China.

Land Use Policy, Vol. 24, pp. 1 – 13.

[178] Dyer, L. , & Theriault, R. , 1976. The Determinants of Pay Satisfaction. *Journal of Applied Psychology*, Vol. 61, pp. 596 – 604.

[179] George C. S. Lin et al. , 2003. China's Land Resources and Land – use Change: Insights from the 1996 Land Survey [J]. *Land Use Policy*, Vol. 20 (2), pp. 87 – 107.

[180] Giammarino, 2005. Loggers versus Campers: Compensation for the Taking of Property Rights. *Federal Reserve Bank of Cleveland Law*, *Econ & Organization*, Vol. 8 (1), pp. 136 – 152.

[181] Heneman, H. G. , 1985. Pay Satisfaction. *Research in Personnel and Human Resources Management*, Vol. 3, pp. 115 – 153.

[182] Hiroshi Mori, 1998. Land Conversion at the Urban Fringe: A Comparative Study of Japan, Britain and the Netherlands [J]. *Urban Studies*, Vol. 35 (9), pp. 1541 – 1558.

[183] Hui, E. C. M. , Bao, H. J. , 2013. The Logic Behind Conflicts in Land Acquisitions in Contemporary China: A Framework Based upon Game Theory. *Land Use Policy*, Vol. 30, pp. 373 – 380.

[184] Ian Hardie et al. , 2000. Responsiveness of Rural and Urban Land Uses to Land Rent Determinants in the U. S South [J]. *Land Economies*, Vol. 76 (4), pp. 659 – 673.

[185] Judge, T. A. , & Welbourne, T. M. , 1994. A Confirmatory Investigation of the Dimensionality of the Pay Satisfaction Questionnaire. *Journal of Applied Psychology*, Vol. 79, pp. 461 – 466.

[186] Juergensmeyer, Julian C. , 1982. Farmland Preservation: A Vital Agricultural Law Issue for the 1980's. 21 *Washburn L. J.* , pp. 443 – 466.

[187] Karen C. Seto, 2003. Modeling the Drivers of Urban Land Use Change in the Pearl River Delta, China: Integrating Remote Sensing with Socioeconomic Data [J]. *Land Economics*, Vol. 79 (1), pp. 106 – 121.

[188] Kline, J. and R. Alig, 2001. A Spatial Model of Land Use Change in Western Oregon and Western Washington. *Research Paper PNW – RP* – 528. US-

DA Forest Service, Pacific Northwest Research Station, Portland, 24.

[189] Kulninoff, Nicolai V. , Alvin D. Sokolow, and Daniel A. , 2001. Farmland Conversion: Perceptions and Realities. University of California Agricultural Issues Center. *Issues Brief*, Vol. 16.

[190] Lawler, E. E. , 1971. *Pay and Organizational Effectiveness: A Psychological Viewpoint.* McGraw – Hill, New York, NY.

[191] Moyo, S. , 2005. Land and Natural Resource Redistribution in Zimbabwe: Access, Equity and Conflict. *Journal of African and Asian Studies*, Vol. 4, pp. 46 – 87.

[192] Mulvey P. W. , Miceli, M. P. , & Near, J. P. , 1990. The Pay Satisfaction Questionnaire: A Review and Extension. Ohio State University, Columbus, OH, Ohio State University Working Paper.

[193] Muth, Riehard F. , 1961. Economic Change and Rural—Urban Land Conversion. *Econometrics*, Vol. 29 (1), pp. 1 – 22.

[194] Orpen, C. , & Bonniei, J. , 1987. A Factor Analytic Investigation of the Pay Satisfaction Questionnaire. *Journal of Social Psychology*, Vol. 127, pp. 391 – 392.

[195] Scarpello, V. , Huber, V. , & Vandenberg, R. J, 1988. Compensation Satisfaction: Its Measurement and Dimensionality. *Journal of Applied Psychology*, Vol. 73, pp. 163 – 233.

[196] Schwarzwalder, B. , 1999. Compulsory Acquisition in Legal Impediments to Effective Rural Land Relations in Eastern Europe and Central Asia. World Bank Technical Paper, 436.

[197] Smith, P. C. , Kendall, L. M. , & Hulin, C. L. , 1969. The Measurement of Satisfaction in Work and Retirement. *Rand – MeNally, Chicago*, Vol. 53, pp. 673 – 698.

[198] Treeger C. , 2004. Legal Analysis of Farmland Expropriation in Namibia. *Analysis and Views*, 6 (8), 261.

[199] Trefzger J. & Colwell P. , 1996. Investor Efficiency in the Face of Takings. *Journal of Real Estate Finance and Economics*, 12 (1), pp. 23 – 35.

［200］ Van Oosterom E. J. , Jayachandran R. , Bidinger F. R. , 1996. Diallel Analysis of the Stay – green Trait and Its Components in Sorghum. *Crop Science*, Vol. 36 (3) , pp. 549 – 555.

［201］ Vranken, L. and Swinnen, J. , 2006. Land Rental Markets in Transition: Theory and Evidence from Hungary. *World Development*, Vol. 34 (3) , pp. 481 – 500.

［202］ Williamson, 1986. Costly Monitoring, Financial Intermediation, and Equilibrium Credit Rationing. *Journal of Monetary Economics*, Vol. 18 , pp. 159 – 179.

图书在版编目（CIP）数据

农民满意度视角下农村土地征收补偿制度研究/曲颂著.
—北京：经济科学出版社，2018.11
（中国农业科学院农业经济与发展研究所研究论丛. 第5辑）
ISBN 978 - 7 - 5141 - 9935 - 2

Ⅰ.①农…　Ⅱ.①曲…　Ⅲ.①农村 - 土地征用 - 补偿 -
制度 - 研究 - 中国　Ⅳ.①F321.1

中国版本图书馆 CIP 数据核字（2018）第 260070 号

责任编辑：齐伟娜　初少磊
责任校对：郑淑艳
责任印制：李　鹏　范　艳

农民满意度视角下农村土地征收补偿制度研究
曲颂　著
经济科学出版社出版、发行　新华书店经销
社址：北京市海淀区阜成路甲 28 号　邮编：100142
总编部电话：010 - 88191217　发行部电话：010 - 88191540
网址：www. esp. com. cn
电子邮箱：esp@ esp. com. cn
天猫网店：经济科学出版社旗舰店
网址：http://jjkxcbs. tmall. com
北京季蜂印刷有限公司印装
710 × 1000　16 开　11.5 印张　170000 字
2018 年 12 月第 1 版　2018 年 12 月第 1 次印刷
ISBN 978 - 7 - 5141 - 9935 - 2　定价：42.00 元
（图书出现印装问题，本社负责调换。电话：010 - 88191502）
（版权所有　翻印必究　举报电话：010 - 88191586
电子邮箱：dbts@ esp. com. cn）